글 스토리박스

어린이 학습 만화 콘텐츠를 개발하는 전문 작가 팀입니다. 오랫동안 학습 만화의 스토리를 쓰고, 어린이를 위한 책을 만들고 있습니다. 정확한 학습 정보를 스토리에 술술 풀어내 어린이들에게 다양한 지식과 읽는 즐거움을 전달하려고 노력합니다.
지은 책으로는 〈설민석의 한국사 대모험 시리즈〉, 〈빈대 가족 시리즈〉, 〈위기탈출 넘버원 시리즈〉 등이 있습니다.

그림 김준식

2001년부터 어린이를 위한 학습 만화와 교재 삽화를 그리고 있으며, 만화 창작실 '풍등'에서 활동했습니다. 재미있는 그림을 통해 어린이들이 재밌고 즐거운 독서 시간에 푹 빠졌으면 좋겠습니다.
그린 책으로는 《옛날 왕들은 똥을 누고 무엇으로 닦았을까?》, 《세상을 바꾼 위대한 과학자들 1, 2》, 《어휘력이 커지는 과학 낱말퍼즐놀이》, 〈싸매고 탐험대 시리즈〉, 《생각이 기발해지는 추리 퀴즈 1, 2》, 〈냥 작가의 상담소 시리즈〉와 조음 지도용 삽화가 있습니다.

원저 금쪽이 유치원

개그맨 정범균, 홍현호, 개그우먼 이수경이 머리를 맞대어 번뜩이는 아이디어로 정 선생님과 기쁨이, 사랑이가 탄생했습니다.

출동! 역사 해결사

금쪽이 유치원

② 위대한 장군

글 스토리락스 | 그림 김준식

파란정원

작가의 말

우리는 지금 아주 평화로운 시대를 살다 보니 이런 평화가 당연하다고 생각해요. 하지만 우리 역사는 전쟁의 역사라 말해도 지나치지 않을 만큼 수많은 전쟁이 있었고, 오히려 평화로운 시기가 드물었지요.

시대가 영웅을 만든다는 말이 있듯이 많은 전쟁을 치르며 우리 역사에는 영웅 같은 장군들이 있었어요. 그분들의 삶을 엿볼 수 있다면 금쪽이들이 평화로울 때는 물론이고, 위기가 닥쳤을 때도 강하고 믿음직스러운 사람으로 성장할 수 있을 거예요.

금쪽이 유치원에는 아주 특별한 비밀이 있어요. 바로 역사 속 인물들의 고민을 해결해 주는 역사 해결사가 있다는 거예요! 어느 날, 금쪽이 유치원에 종이비행기 하나가 날아왔어요.

금쪽이들이 종이비행기를 펼치자 이렇게 쓰여 있었어요.

'나라를 지키고 싶은데, 말 못 할 고민이 있어.'

편지의 주인공은 바로 나라를 위해 목숨을 걸었던 위대한 장군들! 전쟁에서 위대한 승리를 이끌며 나라를 구한 영웅적인 모습의 장군들이지만, 누구에게도 말하지 못할 고민이 있었나 봐요. 편지를 받은 기쁨이, 사랑이는 용감하게 외쳤어요!

"걱정하지 마세요! 금쪽이 해결사가 출동합니다!"

이제 금쪽이들은 종이비행기를 따라 역사 속으로 뛰어들어 나라를 지킨 용감한 장군들을 만나게 됩니다. 장군들은 어떻게 나라를 지켜 냈을까요? 장군들은 어떤 어려움 때문에 금쪽이들에게 도움을 청했을까요? 금쪽이들과 함께, 지혜와 용기로 장군들의 고민을 해결해 봐요. 위대한 장군들을 도우러 출동! 역사 해결사 금쪽이 유치원!

스토리박스

차례

등장인물 소개

기쁨이

귀하고 소중한 어린이

'나 귀해, 기쁨이 소중해'를 입에 달고 다니며 사건 사고를 만드는 엉뚱한 사고뭉치다. 멋지고 똑똑하고, 성실한 것과 아주 멀지만 의외로 기쁨이의 엉뚱함이 역사 위인들의 고민을 한 번에 해치워 줄 정도로 기가 막힌다고 한다.

사랑이

사랑이 파워를 가진 어린이

평소엔 상냥하고 귀엽지만, 가끔은 지나치게 씩씩해 주위 사람들을 당황하게 만든다. 자신이 좋아하는 기쁨이가 위기에 처하면 사랑이 파워가 생긴다. 초인적인 힘의 사랑이 파워는 백만 대군을 무찌를 정도의 힘이라고 한다.

정 선생님

금쪽이들의 보호자 선생님

조용히 사고를 치는 금쪽이들 때문에 금쪽이들의 뒤꽁무니를 졸졸 쫓아다닌다. 금쪽이들이 시도 때도 없이 사고 치는 바람에 속은 타지만 누구보다 아이들을 아끼고 사랑한다. 역사 속으로 뛰어든 금쪽이들을 지키기 위해 두뇌 풀가동 중이라고 한다.

을지문덕
김유신
계백
양규
김종서

1장

적에게 겁먹지 마라, 고구려

백만 대군을 물리친 을지문덕

대, 대대로?
가늠할 수 없는 대군입니다.
웃을 일이 아닙니다.
맞습니다.
지난번 30만의 침략도
버거웠는데, 이번 113만을
막아 낼 수 있을지….
너무 당황하지 말게나.
수나라가 수많은
군사로 침략하는 건
예상했던 일이 아닌가.
후후, 마땅한 계책도
다 생각해 두었으니
나를 믿게!
내 평생 전쟁에서
진 적이 없다는 걸
다들 잊었는가?
짜잔~
역시 계획이
있으셨어!
그, 그렇지요.

대대로, 저희는 밖에 나가 겁먹은 녀석들이 정신 차리게 엉덩이를 걷어차 주겠습니다.
그래, 그래.
113만 명의 침략 소식에 머리가 아득했는데, 우리에겐 대대로가 계셨어!
맞아. 수나라 황제도 떨게 하는 전쟁의 신, 을지문덕이 있는데 무엇이 두렵겠는가? 하하!
꾸욱
축 축
113만….
참으로 무겁구나.
하나, 이 무게는 군사들의 것이 아닌 오직 나 을지문덕이 감당해야 할 몫이다.

누구와도 나눌 수 없는 이 무게를….
좋은 계책이 생각나게 내 고민을 싣고 멀리멀리 날아가거라!
휘릭
기쁨이가 이상하네요.
금쪽이 유치원
멍~
햇병아리 반 친구랑 싸웠는데 졌다요.
졌다고요?
정확히는 진 게 아니고, 일방적으로 혼났다요.
움찔

절대로 혼난 건 아니시게!
아니다요~. 혼난 거 맞다요.
대꾸도 못 하고 두 손을 배꼽에 공손히 모으고 있었다요.
크윽!
기쁨이가 당하는데 사랑이가 안 도와줬다니. 신기한 일이네?
그런데 어떤 친구였길래 말 잘하는 기쁨이가 대꾸도 못 한 거예요?
생, 생각만 해도 무서우시게….
부르르르
친구와 다툼은 나쁘지만, 무작정 겁을 먹는 것도 좋지 않아요.
하지만 도저히 이길 수 없으시게.
편지다요!
금쪽이 유치원

금쪽같은 역사 상식

신비로운 남자, 을지문덕 장군

대한민국의 모든 사람이 이름은 들어 봤지만, 살수 대첩 말고는 알려진 게 거의 없는 인물이 을지문덕 장군이에요. 가문이나 관직은 물론이고 을지문덕의 진짜 이름도 몰라요. 《삼국사기》에 '을지문덕은 고구려의 대신(大臣)으로 그의 가문은 알 수 없으나 자질이 침착하고 굳세며 지략과 문장력을 갖추었다'라고만 적혀 있어요. 수나라와의 전쟁 당시 을지문덕의 관직을 정확히 알 수는 없지만, 대신이었다는 기록에 따라 금쪽이 유치원에서는 고구려 최고 관직인 '대대로'로 설정했어요.

네 이름이 사랑이고,
내 편지를 받고 왔다고?
맞다요!
이 편지다요.
저는 소중한
기쁨이시게.
정 선생입니다.
이 편지 내용은
다 잊거라.
왜 태운다요?
화르르
내 고민은 군사들을
불안하게 만든다.
절대 알려져선 안 돼!
우린 역사 해결사
금쪽이시게!
우리에게 걱정거리를
털어놓는다면 그 고민을
해결해 주겠다요!
나, 나도 모르게
따라 했네.
두둥
허허, 너희의 힘찬 모습을 보니
내 걱정이 별거 아닌 듯
가볍게 느껴지는구나.

내 걱정은 우리 고구려를 침략하는 수나라의 군사가 너무 많다는 것이다.
얼마나 된다요?
백만 대군, 정확히는 113만 명이라는구나.
백, 백만 대군!
멀뚱
왜 놀라시게?
113만 명이 쳐들어온다요.
혹시 9보다도 더 많은 거시게?
기쁨인 숫자를 어디까지 셀 수 있다요?
후후, 놀라지 마시게.
씨익

난 무려 9까지 셀 수 있으시게~.
또아~
말과 다르게 손가락은 일곱 개를 펼치고 있어. 난 그동안 뭘 가르친 건가….
부들 부들
혹시 100만이 9보다 많은 숫자? 그렇다면 9 다음이 100만이시게?
그냥 많은 것도 아니고 어마어마하게 큰 숫자다요!
헉, 그러시게?
사랑이라도 제대로 알아서 다행이야.
중국, 수나라에서 많은 사람이 오시게?
그 사람들이 와서….
중국 요리를 다 먹어 버리면 어떡하시게! 최애 짜장면은 못 뺏기시게!
비틀~

지금 먹을 거
이야기할 때야?
미, 미안하시게.
잠깐, 먹을 거?
그래, 그게
계책이었어. 식량!!
기쁨인 짜장면
30인분이 기본인데,
못 먹을까 걱정되시게.
오호, 30인분이나?
대단하구나!
엄청난 숫자에 압도되어
전쟁의 승패 기본을 잊다니.
툭
기븐이 뭐다요?
전쟁의 승패를 결정하는 건
군사의 숫자가 아니라
바로 식량 보급이란다.
아무리 용맹한
군사들이라고 해도
먹지 않고선 싸우기
어려운 법이지.

많은 수의 군사가
엄청난 장점인 동시에 약점이
된다는 걸 네가 깨우쳐 줬다.
고맙다, 기쁨아.
그러시게?
계책이 준비됐다.
장군들을 들게 하라!
네, 대대로!
고구려 최전선 요동성
슈슈슉
와아아
高
쏴라! 저 오랑캐들이
성 위로 오르지 못하게 하라!
무거운 임무를 줘서 미안하오.
요동 성주, 최대한 수나라 군사의
발을 묶어 주시오!

요동성을 공격하는 것이
수나라의 목표라면,
수나라의 식량을 공격하는 것이
우리의 목표입니다.
맡겨 주십시오,
대대로.
전쟁은 머릿수로 하는 게
아니라는 걸 놈들에게
가르쳐 주자!
컥!
와아아아
高
高
隋
크억!
저기다!
4개월 후
툭
4개월이다.
자그마치 4개월!
쾅

왜 백만 대군으로
저 작은 요동성 하나를
무너뜨리지 못하는 것이냐?
그, 그게….
고구려 놈들이 워낙
지독히 저항하는 탓에….
그래서 고구려 놈들은 무섭고,
짐은 무섭지 않다는 뜻이냐?
아닙니다, 폐하.
그런 뜻이 아니라….
꽉
4개월 동안 까먹은 식량을
생각하면 더 이상 시간을
낭비할 수 없다!
작전을
변경하겠다.
중간 성들은 건너뛰고
바로 고구려의 수도,
평양성을 공격하겠다!
탁
폐하, 너무 위험합니다!
요동성부터 평양성까지는
수십 일을 가야 하는
거리입니다!
평양성으로 가는 길에 공격받아
행군의 허리가 끊어진다면
여기서 고립될 수 있습니다!

*별동대: 본대에서 따로 떨어져 나와 독립적으로 행동하는 부대.

수군이 식량을 평양까지 운반할 것이다.
별동대는 최대한 빨리 평양성을 공격하라!
으, 평양성에서 수군을
만날 건데 이 무거운 식량은
왜 짊어지고 가는 거야?
이걸 들고 어떻게
빨리 가라는 말이야. 끙….
고구려
요동성
별동대
평양성
식량 수송
수
신라
隋
안 되겠다. 우리
파묻어 두고 가자!
팍 팍
고구려 평양성
수나라가 결국
요동성을 뚫지 못하고
30만의 별동대로 평양성을
직접 노린다고 합니다.
요동 성주가 아주 잘해 줬구나.
이제 내가 책임질 시간이군.

어, 30이면….
30만도 5보다는
훨씬~ 큰 숫자예요.
우아, 그러시게?
에휴~.
그들이 우리 땅에서 쌀 한 톨,
물 한 모금도 얻지 못하게 들판을
비우고, 모두 성으로 피하라.
네, 대대로!
적이 약탈로 식량을 얻지 못하게
들판의 곡식을 거두고, 우물을
메우는 걸 청야 전술이라고 해요.
'금쪽이 유치원 1권'에서
자세히 나온다요!
서둘러라! 평양성만 함락하면
금은보화를 얻을 수 있다.
隋
헉
헉
隋
隋

적이 어디까지 왔는가?
수일 내로 압록강에 도착할 것으로 보입니다.
이대로라면 식량을 운반하는 수나라 수군과 별동대가 제시간에 평양성 앞에서 만날 듯합니다.
30만 대군이 식량을 받는다면 큰 위협이 됩니다.
그렇게 둘 수는 없지. 수나라의 별동대 속도를 어떻게든 늦춰야겠다.
대대로, 전투를 준비할까요?
아니, 머리를 쓰면 될 것을 굳이 군사까지 쓸 필요 없지.
머리로 군사를 어떻게 막는다요?
빠낙~
박치기로 전부 막겠다는 뜻이시게!
그건 아니고. 내가 직접 가서 항복하면 시간을 벌 수 있을 것이다.
히익

대대로 아저씨,
뇌가 안녕 안 하시게?
똑
똑
기쁨이!
을지문덕 장군님께
무, 무슨 짓이에요!
나라를 지키라고 했더니
항복하신다고 했으시게.
뇌가 아프시게.
하하, 걱정 말거라. 발을
묶어 두려는 속임수란다.
너, 너무 위험합니다,
대대로!
맞습니다!
적에게 잡히면 생명이
위험할 수도 있습니다.
후후, 내가 설마
아무런 생각 없이
목숨을 걸겠는가?
무슨 계책이
있으신가요?
내 계책은
기쁨이와 사랑이오.
우리요?
며칠간 너희가 먹는 걸 보니
중국 음식을 많이 먹더구나.
그리도 좋더냐?
정통 중화요리가 아니라서
사실 많이 못 먹었으시게.
많이 못 먹은 게 30인분이다요.
기쁨이는 먹깨비다요.
하하, 정통 중화요리를
맛보게 해 주마.
그곳에서 너희와 함께라면
안전하게 빠져나올 수
있을 것이다.
뭐지?

별동대 군영
隋
뭐, 항복?
을지문덕이 직접?
네, 대장군!
으하하, 하늘이
이 우중문에게 큰 공을
세우도록 돕는구나.
폐하께서 을지문덕을 잡으라고
명하셨을 땐 기회가 있을 거라곤
생각도 못 했었는데, 제 발로 오다니.
을지문덕만 잡아 두면
다 이긴 전쟁이다.
예를 갖춰 맞아들여라!
예, 장군!
隋
확실히, 강행군으로
피로한 모습이군.
두리번
두리번

하하하, 고구려의 대신, 을지문덕 공께서 직접 항복하러 오셨으니 두 나라 사이에 평화만이 있을 겁니다.
감사합니다, 대장군.
隋
자, 항복 회의는 이만하고 우리 군영에서 푹 쉬시지요.
후후, 그럼 신세를 지겠습니다.
대장군, 을지문덕이 정말 항복할까요?
그런 듯하구나. 거짓 항복이라면 어떻게든 돌아가려고 할 텐데, 순순히 머물겠다는 걸 보니 뜻대로 되겠구나.
내가 생각한 대로 식량 상황이 최악이군.
휑

짜장면은 왜 없으시게?
짜, 짜장면? 그게 뭐냐?
짜장면은 한국식 중화요리라서 중국엔 없는 요리예요.
짜장면처럼 맛난 중화요리는 없으시게?
그렇다면 미식가 사랑이가 요리법을 알려 주시게~.
내가 우리 집에선 짜장 요리사다요~!
척
응?
隋
촥
촥
부족해, 부족해! 맛이 부족하다요.
음식에 재료를 아끼면 맛을 망친다요!
안 돼! 그건 한 달 치 식재료….
팍
팍

음~, 역시 사랑이표 짜장면이 짱이시게~.
와구
와구
금쪽이들은 정말 해맑게 잘 먹네요. 선생님은 걱정돼서 입맛이 없어요.
대대로 아저씨가 많이 먹는 게 도와주는 거라고 했으시게.
그래, 너무 맛있어서 나도 많이 먹게 되는구나.
며칠 후
隋
압록강 주변의 고구려 군사들은 큰 동요가 없어 보입니다.
을지문덕을 우리가 잡고 있으면 저들이 와르르 무너질 줄 알았는데….
쳇, 생각대로 안 되는군.
대장군, 생각대로 안 되는 게 그뿐만이 아닙니다.
응?
을지문덕의 일행이 너무 많이 먹고 있습니다.
낑이
낑이
저들을 계속 잡아 둔다면 그렇지 않아도 부족한 식량을 전부 먹어 치울까 봐 그게 더 걱정입니다….
그, 그게 정말이냐?

저들을 돌려보내야 우리가 살 수 있습니다.
크윽, 하는 수 없지. 을지문덕을 돌려보내게.
한 끼만….
네 한 끼 식사가 우리 일주일 치 식사야. 이 먹깨비야!
어허, 맛만 본다니까? 한 끼만 더 먹고 내 발로 가겠으시게!
바둥
바둥
질질
하하, 을지문덕 공께서 고구려 왕을 잘 설득해 빨리 항복하게 해 주시오.
아휴, 빨리 가라!
알겠습니다, 대장군.
이만하면 시간은 충분히 벌었다. 빨리 돌아가자꾸나.
장군님 말씀대로 아무런 탈 없이 풀려나다니 정말 신기하네요.
그렇다요. 다 계획이 있으셨다요.

금쪽같은 역사 상식

을지문덕의 거짓 항복

을지문덕은 수나라 별동대가 압록강 가까이 이르자 수나라에 거짓으로 항복했어요. 고구려의 총사령관이 수나라 군영에 갔다가 잡히면 그대로 전쟁에서 질 수 있었지만, 을지문덕은 수나라군이 자신을 붙잡지 못할 걸 확신했어요. 을지문덕의 생각대로 수나라가 항복한 적장을 잡아 두면 대국의 체면이 손상된다고 생각해 풀어 주었고, 그 사이 고구려가 철저히 준비해 승리할 수 있었어요.

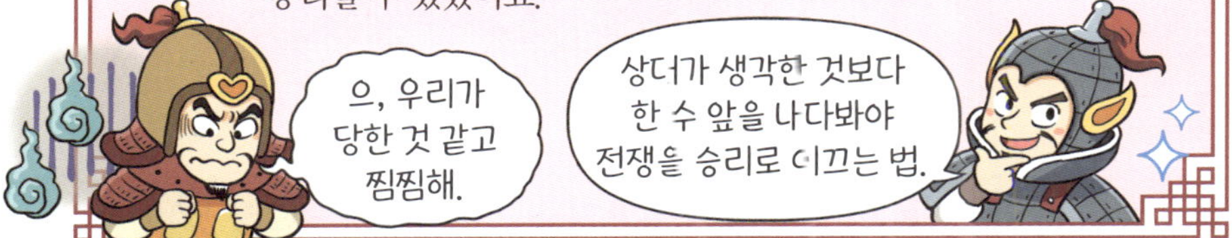

총대장님,
이대로 별동대의
쌀 배달 노릇만
하실 겁니까?
그게
무슨 말이냐?
지금 고구려군 대부분이
별동대를 막으러 평양성으로
나갔을 겁니다.
우리 수군은
4만이 넘는 대군이고,
평양성에 남은 고구려군은
많아야 수천일 것입니다.
지금 빈 평양성을 공격해
고구려 왕을 잡는다면
이 전쟁의 1등 공신은 바로
총대장님이 될 겁니다!
한데 폐하는
보급 임무만 주셨는데,
명을 어기면 되겠느냐?
저희가 고구려 왕을
잡는다면 폐하도 눈감아
주시지 않을까요?
좋다! 우리 수군이
평양성을 공격하겠다!
와아아아
왜 이렇게 강한 거냐?
고구려놈들!

수나라 별동대 군영
隋
대장군!
수군이 멋대로
평양성을 공격했다가
패했다고 합니다!
뭐, 뭐라고?
식량은?
수군이 갖고 온다던
식량은 어찌 됐느냐?
고구려군에게 모두
불탔다고 합니다….
우리 식량은
얼마나 남았지?
식량이 거의 떨어져
지금도 아껴 먹는
상황입니다.
돌아간 을지문덕은
항복하겠다 해 놓고는
어찌 연락이 없는가?
그, 그게
지금까지 답을 주지
않는 걸 보면….
거짓 항복인 듯
합니다.
을지문덕
이놈!!
대장군, 먹지 않고는
전쟁을 할 수 없습니다.
회군해야 합니다.
이렇게 대군을 끌고 와
아무런 이득 없이 돌아간다면
더 이상 폐하를 뵐 면목이
없단 말이다!
쾅
쾅

우린 대륙을 통일한 최강의 군대. 이 정도 어려움은 거뜬히 이겨 낼 수 있다!
평양성으로 진격하겠다!
네, 대장군!
隋
隋
저기 고구려 놈들이다!
챙 챙
와아아아
隋
高
으윽, 안 되겠다. 퇴각하라!!
隋
후후, 이번이 몇 번째지?
高
다다다
오늘만 다섯 번이나 고구려군을 박살 냈습니다, 대장군.

좋아!
항복하지 않아도
상관없다!
크크크
우리 30만 별동대라면
고구려를 무너뜨릴
충분한 힘을 갖추고 있다!
와
와
고구려 군영
또 졌단 말이냐?
네, 대대로.
그래,
아주 잘했다.
대대로 아저씨가
하는 말은 하나도
이해가 안 된다요.
맞으시게.
전투에서 계속 지는데,
왜 잘한 거시게?
걱정 안 되시게?
후후, 내가 제일 걱정하는 건
바로 수나라 별동대가
이대로 돌아가는 것이다.
엥? 돌아가면
고구려가 이기는 건데,
왜 걱정이시게?
수나라 놈들이
아무런 피해 없이 돌아간다면
분명 힘을 회복한 후에
다시 침략할 게 분명하단다.
우리의 군사
정보와 경험을 쌓은
적이 더 감당하기
어려운 법!
그래서 이번 기회에
놈들을 철저하게
파괴할 생각이지.
빠득

지금 고구려군이 지는 상황인데 어떻게 이긴다는 거다요?
전에 갔을 때 보지 않았느냐. 저들은 식량이 부족하고, 엄청난 강행군으로 지쳐 있다.
이때 작은 전투에서 계속 승리한다면 저들은 쉬지도, 돌아갈 수도 없다.
저들은 작은 승리에 취해 패배의 늪에 빠지고 있다는 걸 눈치채지 못하겠지.
더 깊게 끌어들여 지치고 굶주리게 만든 후 한 번의 공격으로 끝장낼 생각이다.
콰직
와~, 또 이겼다!
隋
대장군, 이것으로 하루에 일곱 번이나 승리했습니다. 헉헉.
부, 분명 계속 이기고 있는데, 이 불안함은 무엇이란 말인가?

큭, 이건 승자의
모습이 전혀 아니다.
그렇다면….
함정인가?
위험하다!
대장군!
을지문덕에게서
편지가 왔습니다!
줘 봐라!
촤악
神策究天文 귀신같은 계책은 하늘의 이치를 다했고,
신책구천문
妙算窮地理 기묘한 계획은 땅의 이치를 다했노라.
묘산궁지리
戰勝功旣高 싸움에서 이겨 그 공이 이미 높으니
전승공기고
知足願云止 만족하고 싸움을 그만두길 바란다.
지족원운지
고, 공이 높으니
그만 돌아가라?

으아아
촤악
이건 나를 조롱하는 시가 아니더냐!!
을지문덕, 그자는 어찌 약속대로 항복하지 않는 것이지?
대대로께선 수나라가 군대를 돌리면 우리 태왕 폐하를 모시고 수나라 황제를 만나러 가신다고 말씀하셨습니다.
큭큭, 을지문덕 그자가 지키지 않을 말로 또다시 나를 갖고 노는구나.
모두 회군할 준비를 하라!
대, 대장군! 저희가 이기고 있는 상황이지 않습니까?
어찌 회군을….
隋
隋
편지를 보면 모르겠느냐? 우리를 지치게 하려는 을지문덕의 계략이다.
싸움을 계속하다간 전멸한다!

돌아가는 길은 고구려를 멸망시키려는 싸움보다 더 가혹한 과정이 될 것이다. 준비를 철저히 하라.
예, 대장군!
척 척 척 척
隋
두둥
高
대장군, 고구려 군사들이 저희 뒤를 따라옵니다.
동요하지 마라.
진을 끝까지 유지해라. 우리는 30만 대군이다.
저들도 섣불리 덤비지는 못할 것이다.
예, 대장군!
과연, 370년간 분열된 중국 대륙을 통일한 군사답군.
제대로 먹지도 못하고 피로가 쌓인 와중에도 흐트러짐 없이 진을 유지하다니.

*살수: 북한 청천강의 옛 이름.

대장군, 이 앞은
강입니다.
강을 건너는 부대 말고는
계속 진을 유지하라!
隋
빨 빨 빨
이 식재료가
마지막 식량이니
목숨을 걸고 지켜라!
예!
불쑥
까꿍! 한참 찾았으시게.
나 소중한 기쁨이시게~.
헉! 너, 넌!
생각해 보니 못 먹어 본
요리가 있었으시게.
바로 마라탕이시게~.

먹, 먹깨비가
다시 나타났다!!
어?
아, 안 되시게….
이대로 가면 안 되시게!
참방
참방
어?
촤촤촤
좌절하지 말라요.
사랑이 파워!
오, 알았으시게!
타라요!
저쪽으로 고고!
와다다다

어어, 아니시게.
방향을 바꿨으시게!
이쪽이시게!
으악!
크악!
뭐, 뭐가 지나갔냐?
오, 온다! 사람…
아니 식량 살려!!
적진에 소란이
일어났다. 지금이다!
파바박
슈슈슉
흐억!!
으아아악

아무리 대륙을 통일한 군사일지라도
이런 기습에는 겁에 질린 양일 뿐이다!
마라탕 내놓으시게!
우르르르
전군 돌격!
와아아아

왜 나만 쫓아와?
사, 살려 줘….
으아악!
도, 도망쳐라!
으악
을지문덕!
무섭구나, 무서워….

전쟁의 신,
을지문덕이 있는 한
고구려군은 최강이다!
와아아
빨리 마라탕
만드시게.
아, 알겠어….
뭐, 뭐라고
했느냐?
30만 명을 끌고 갔는데
겨우 2천 7백 명만
돌아왔단 말이냐?
죽여 주시옵소서,
폐하!
폐하, 지금 잘잘못을 따지실
시간이 없사옵니다.
을지문덕과 고구려군이
이곳까지 들이닥치면
큰일이 납니다.
을, 을지문덕?

금쪽같은 역사 상식

고구려와의 전쟁으로 멸망한 수나라

수나라는 370여 년간 분열되었던 중국을 통일한 제국이었지만, 대운하 등 지나친 토목 공사와 무리한 고구려와의 전쟁으로 40년도 안 돼서 멸망했어요. 특히 고구려 2차 원정에 수나라는 113만이라는 엄청난 군대를 움직였는데, 이는 1차 세계 대전 이전에 가장 많은 군인이 동원된 전쟁이었어요. 이들이 모두 출발하는 데만 40일이 걸렸고, 그 행렬이 약 400km로 서울에서 부산까지의 거리에 수나라 군사들이 늘어서 있는 정도였어요. 살수 대첩에서 30만이 넘는 대군을 잃은 수나라는 결국 내부 반란으로 멸망했어요. 《삼국사기》의 을지문덕 열전에 따르면 수나라의 백만 대군을 막아 낸 건 을지문덕 한 사람의 힘이었다고 기록돼 있어요.

금쪽이 유치원
을지문덕 장군님을 만나고 오니 어땠나요?
진짜 불가능은 없다는 걸 알았다요.
맞아요. 그러니 기쁨이도 아무리 이기기 어려운 상대를 만나더라도 마음이 꺾이면 안 돼요.
알았으시게. 나만 믿으시게.
이번에 마라탕 35인분을 먹어 기쁨이 한계를 넘으니 큰 용기가 생겼으시게.
붕 붕
거기서 용기를 얻으면 안 돼요.
금쪽이 반
쿠쿵
헉! 저기 나타났다요.

설마 저 아이가…?
맞다요.
생각보다 작은 아이 네요?
네, 한 살 어린 동생이다요.
덜
덜
기쁨이 오빠. 쉬하고 나면 손을 깨끗이 씻으라고 했어, 안 했어?
해, 했으시게….
기쁨이, 벌써부터 기가 죽으면 어떡해요.
엄마같이 똑 부러지고 바른말만 해서 기쁨이는 무서우시게.
부르르
하, 이건 역사를 배운다고 해결할 수 있는 문제가 아니네요.
이 문제는 사랑이 파워로도 해결할 수 없다요.

2장

끈기로 맞서 싸워라, 신라

삼국 통일의 영웅
김유신

신라 서라벌
슈우우
쿵!
보았느냐?
여왕이 있는 월성에 별이 떨어졌다.
별이 떨어진 곳엔 반드시 안 좋은 일이 생긴다고 하였다.
반란군 대장 비담

이것은 전쟁에서
우리가 승리할 징조다!
와아아아
뭐라? 별이?
예, 대장군! 월성으로
별이 떨어져 군사들이
두려움에 떨고 있습니다.
군대에선 군사들의
사기가 제일 중요한데,
큰일이구나….
군사들 사이에서 별이
떨어졌다는 소문이
퍼지지 않게 단속하게.
그사이 군사들의
사기를 올릴 계책을
생각해 보겠네.
네, 대장군.
당차게 말은 했지만, 이미
떨어진 별과 군사의 사기를
어찌해야 할지….
슥 슥

휘익
내 고민을 싣고 멀리 날아가거라!
금쪽이 유치원
푸하하, 해보나 마나 우리 반 승리지.
흥. 끝날 때까지 끝난 게 아니라고!
오, 노~. 사랑스러운 나의 햇병아리들과 진짜 대결할 생각이야? 농담이지?
농담 아니야!
말도 안 돼. 우리 햇병아리 반 친구들은 벌써 구구단도 외운다고.
호호호
듣기로는 금쪽이들이 가끔 소변도 못 가린다던데~.
색종이 뒤집기 시합에서 대소변을 못 가리는 게 무슨 상관이야?
발끈

이기는 반이 야외 놀이터 일주일 우선 사용이야~.
알았다고!
홱
두고 봐. 금쪽이들이 열심히 연습해서 큰코다치게 될 거니까.
씩씩
우리 금쪽이들이 제대로 안 해서 그렇지, 마음먹고 제대로 하기만 하면….
바둥
히히, 나는 돌고래시게~.
나는? 나는 뭐 같다요?
바둥
음, 사랑이는 바다에 사는 그거 같으시게. 길쭉한….
길쭉하면 인어?

바다코끼리시게!
딱이시게~.
말도 안 된다요!
바다코끼리라니!
크와아아
바다코끼리…?
금쪽이 유치원
선생님, 바다코끼리가
난동을 피우고 있으시게.
어서 도망가시게!
뿌우
송, 송곳니로
머리를 물었으시게!
바동
바동
선생님이 열심히
색종이 뒤집기 연습하라고
했어요, 안 했어요?
한 거 같기도 하고,
안 한 거 같기도 하시게….
분명히 말했어요.
여러분, 햇병아리 반한테
또 질 거예요?
하지만….

햇병아리 반은
우리가 못 이긴다요.
맞으시게.
무서운 애들이시게.
왜요? 왜 무서워요?
밥을 먹고 나면
엄마의 잔소리 없이도 바로
이를 닦는 무서운 애들이시게.
우리가 어떻게 이기시게?
이 잘 닦는 거랑
종이 뒤집기 시합이랑
아무런 상관이 없어요!
버럭
흑, 의욕이 없어….
선생님으로서 내가
의욕을 끌어올려 줘야
하는데 어쩌지….
톡
어?
누가 보냈다요?
삼국 중 가장 약한 신라를
이끌며 삼국을 통일한
김유신 장군님이세요.
가장 약한 나라의
장군이라면 고민이
많았으시게.
그렇겠죠.
나만큼이나….
금쪽이들에게 의욕을
심어 줄 역사 속으로!
휘익

그러니까.
기쁨이, 사랑이, 정 선생. 너희 셋이 내 고민을 해결해 주러 왔다고?
헤헤, 맞다요!
난 그냥 기쁨이가 아니라 소중한 기쁨이시게~.
내 고민은 하늘에서 별이 떨어진 것인데, 방법이 있겠느냐?
네?
지금까지 많은 역사 고민을 해결했지만….
하늘에서 떨어진 별이 문제인 건 처음이시게….
뿡
흠흠.
윽!
뿡

한숨이 나오면 입으로 내쉬라요! 왜 똥구멍으로 한다요?
그건 깊은 고민에 빠졌을 때 나오는 습관이시게, 헤헤.
뿡
뿡
아주 더러운 습관이다요!
왜요? 무슨 좋은 생각이 떠올랐어요?
자, 잠깐!
큰 방귀가 나오는 걸 보니 뭔가 좋은 생각이 떠오를 게 분명하시게~.
뿌아앙
숨 참아요!
웁!
슈아앙
그냥 네 똥 방귀로 별을 하늘로 날려 보내는 게 훨씬 빠르겠다요!
하하하하
잠깐
별을 하늘로 날려 보내?

그래! 창의적인 방법을 나에게 알려 주려고 계속해서 방귀를 뀐 거였구나!
딱
너희 덕분에 좋은 방법이 생각났다! 고맙다.
우, 우리가 장군님께 힌트를 줬으시게?
어, 글쎄 모르겠다요.
활활
밤에 보면 떨어진 별이 하늘로 날아가는 것처럼 보일 것이오.
허수아비에 불을 붙여, 별 대신 하늘로 보내는 작전이군요.
그렇소. 별을 날린다는 새로운 생각은 금쪽이들이 아니라면 못 했을 걸세.
휴, 난 또 방귀로 별을 날리라고 할까 봐 걱정했으시게.

낑
낑
대, 대장군!
허수아비와 연이 무거워
드는 것조차 힘듭니다.
같이 들 사람이
필요합니다.
흠, 비밀리에
성공해야 하는 일이라
여러 사람을 쓰기엔
어려움이 있는데….
!
걱정 마시게. 힘이라면
여기 사랑이가 있으시게~.
맘껏 부탁하시게.
척
그 달은 사랑이가
해야 하는 거예요!
쩝, 미안하시게.

어른도 어려운 일인데,
너희가 가능하겠느냐?
걱정은 붙들어 매고
허수아비에 불만 붙이면
되시게~.
퉤
화르르
사랑이 파워!
오라차차
오오!
떨어진 별이
하늘로 올라간다!
웅성 웅성

떨어진 별이 하늘로
올라갔다는 소문을 퍼뜨리게!
네, 대장군.
어제 떨어진 별이
다시 하늘로 올라갔다!
하늘이 여왕님과
함께할 것이다.
와아아
반란군 진영 명활성
상대등! 별이 하늘로 올라가면서
우리에게 저주가 내렸다는 소문 때문에
도망가는 군사들이 늘고 있습니다.
으, 여기 있다간
꼼짝없이 죽게 될 거야.
빠, 빨리
도망가자!
뭐? 어찌 떨어진 별이
하늘로 올라간단 말이냐?

도망가는 반란군의
인원수가 셀 수 없이
많다고 합니다.
계획대로다.
반란군을 토벌하라!
와아아아
도망가지 말고
당당히 맞서 싸워라!
으윽, 적들이
밀려온다!
와아아
이제 다 끝났소,
상대등 비담 공!
이럴 수가….

금쪽같은 역사 상식

비담의 난

비담의 난은 선덕 여왕 말기에 상대등인 비담이 '여왕은 나라를 잘 다스리지 못한다'는 명분으로 일으킨 반란이에요. 상대등은 지금의 국무총리와 같은 위치로, 귀족을 대표하는 관직이어서 비담이 구귀족을 대표하는 진골 귀족으로 추측하고 있어요. 비담의 난으로 구귀족 세력은 크게 힘이 약해져 김춘추, 김유신의 새로운 귀족 세력이 권력을 잡게 됐어요.

금쪽같은 역사 상식

신라의 정신, 화랑도

화랑도는 신라의 청소년 수련 단체로, 평소 전국을 돌아다니며 공부와 수련을 하고, 나라가 위급할 때는 어린 나이에도 직접 칼을 들고 전투에 참여했어요. 화랑은 원광 법사가 신라의 젊은이들을 위해 가르친 다섯 가지 규칙을 따랐어요. 첫째, 충성으로 임금을 섬긴다. 둘째, 효로써 부모를 섬긴다. 셋째, 믿음으로 벗을 사귄다. 넷째, 전쟁에 나가 물러서지 않는다. 다섯째, 살아 있는 것을 함부로 죽이지 않는다. 이를 세속 오계라고 해요.

아…. 이렇게 잘생긴 얼굴로
화랑이 될 수 없다니
기쁨인 너무 슬프시게.
항아
아니, 될 수 있단다.
어? 정말이시게?
홱
그래그래.
나도 가야 출신인데
화랑이 됐었거든.
아자! 지금부터
잘생긴 신라의 화랑이자,
더 소중한 기쁨이시게!
음하하하
오, 그럼 기쁨이도?
저도 신라의 화랑,
사랑이가 되고 싶다요.
귀염
귀염
그, 그게 사랑아….

미안하지만, 여자는
화랑이 될 수 없단다.
그런 게
어디 있다요?
사랑이 파워!
번쩍
붕 붕
이얍! 이렇게 힘이 세도
화랑이 안 된다요?
빨, 빨리 시켜 주시게!
기쁨이 멀미, 멀미!
그게…. 힘이
세다고 되는 건….
왕도 여자인데,
화랑은 왜 안 되시게?
!
그렇구나,
그리 생각하니
안 될 게 없구나!
역시 기쁨이 너는
생각의 깊이가 다르구나.
퍽 퍽
웩

금쪽같은 역사 상식

금관가야 김수로왕의 후손, 김유신

김유신은 신라 출신이 아니라 금관가야의 후손이에요. 김유신의 증조할아버지인 구해왕은 금관가야의 힘이 약해지자 532년, 신라의 법흥왕에게 나라를 바치고 항복했어요. 법흥왕은 항복한 금관가야의 왕족들을 신라의 진골 귀족으로 받아들였어요.

여기는 위대한
화랑의 훈련장이시게.
애들은 가시게.
어서 안 나가면
혼쭐난다요.
너희가 금쪽이들이구나?
나는 너희와 함께 수련할
화랑 반굴이야.
방귀? 냄새나는
이름이시게.
방귀가 아니라
반굴이야, 반굴!
미안, 미안.
반골이시게?
난 소중한
화랑 기쁨이시게.
반굴!
반굴이라고!
으악! 머릿속에
팍 박혔으시게.
하하하
하하, 벌써 친해진 것이냐?
오늘 자기소개 시간은
없어도 되겠구나.
어? 큰아버지!
대장군!
딱
아야야….
네, 대장군님….

*병법: 군사를 지휘하여 전쟁하는 방법.
반굴이 네가 내 조카지만,
화랑 훈련에서 특별 대접은 없다.
알겠느냐?
물론이죠,
대장군님!
금쪽이들과 반굴에게
앞으로 오전에는 기초 검술,
오후에는 병법*을 가르치겠다.
끄덕
오늘은 세로 베기를
오백 번 연습하겠다.
자, 시작하거라.
네, 큰아버지!
슈슉
슈각
슈각
오오!
어허!
대장군이라고!
딱
아, 맞다.
네, 대장군님!

이런 초급 화랑 교육은
빨리 끝내고 고급 화랑 교육으로
빠르게 넘어가시게~.
좋다요.
하나, 둘, 셋, 넷!
획
백이십구, 백삼십!
으, 목검이
점점 무거우시게.
이백구십일, 이백구십이!
잠깐, 멈춰 봐.
어째서 숫자 백삼십에서
갑자기 이백구십일이 돼?
쳇! 쓸데없이 정확하시게!

흐느적 흐느적
둘 다 똑바로 휘둘러야지.
이제 슬슬 팔이 아프다요.
헉, 헉. 기쁨이는 백을 셀 때부터 손에 감각을 잃었으시게….
대장군님도 안 보시는데, 그냥 오백 번을 했다 치고 끝내면 어떠시게?
힐끗
안 돼!
누가 보든 안 보든, 내 할 일을 다 하는 게 신라의 진짜 화랑이야!
부웅
헉! 신라에도 햇병아리 반 어린이 같은 바른 녀석이!!
왜 그렇게 열심히 하시게?
지금 신라는 고구려와 백제가 계속 침략해서 큰 위기를 겪고 있어.
그래서 큰아버… 아니, 대장군님은 나라를 지키느라 집에도 못 오고 항상 전쟁터에서만 계셔.

금쪽같은 역사 상식

위기에 빠진 신라

신라가 삼국을 통일해서 당시 신라가 강한 나라였다고 생각할 수 있지만, 이때 신라는 아주 위험한 상황이었어요. 백제와 고구려의 계속되는 공격으로 나라가 망할 위기였거든요. 특히 백제가 매해 신라를 공격하는 바람에 조금씩 땅을 잃고 있었어요. 김유신만이 신라의 희망이었기에 전쟁터에서 돌아와도 집에 들르지 못하고 다시 다른 전쟁터로 떠났다고 해요.

검술 수련은 다 했느냐?
아주 넘치게 했ㄷ-요.
넘치게?
삼백삼십구, 삼백… 십사?
반굴이 때문에 삼백에서 사백까지 가는데 한참 걸렸으시게….
삼십구 다음엔 사십이라니까! 또 줄어들면 어떡하시게?
기쁨이도 기억하는데, 반굴이만 세 번째 헷갈리고 있다요.
영특했던 반굴이가?
헤헤….
넘치도록 했다면 오후엔 실전 병법에 대해서 공부하겠다.
우리가 전투에서 이기기 위해 중요하게 여겨야 할 것은 바로 군사의 사기란다.

우리 신라 군사들은 오랫동안 계속된 전쟁으로 매우 지친 상태다.
너희가 장군이라면 지친 군사들의 사기를 어떻게 올리겠느냐?
전투가 벌어지면 가장 앞장서서 싸우고,
물러날 땐 군사들이 안전할 때까지 뒤를 지키다 제일 늦게 후퇴하겠어요!
장군으로서 솔선수범하면 군사들이 믿고 따를 테니 분명 사기가 오르겠구나.
군대 간 삼촌한테 군인이 제일 좋아하는 걸 들은 적 있으시게!
척
그래, 기쁨아. 무슨 방법이 있느냐?

전쟁을 빨리 끝내고 군사들을 집에 보내 주면 되시게.
오잉?
비담의 난 때 기쁨이가 활약했던 걸 생각하면 분명 허튼소리는 아닐 텐데…. 무슨 말이지?
그게 무슨 바보 같은 소리야? 신라를 지키기 위해 수백 년째 전쟁 중인데, 어떻게 군사들을 집으로 보내?
이상하시게. 분명 삼촌이 군인은 집에 가는 게 최고라고 했으시게. 그거 아니시게?
전쟁을 끝낸다고? 전쟁을 빨리?
에휴~
아, 그렇구나!
전쟁을 끝내고 집으로 돌아갈 수 있다는 희망만 생긴다면, 군사들의 사기가 크게 오른다는 뜻이었구나.
백제와 고구려가 있는데, 어떻게 전쟁을 끝내요?
방법이 하나 있지!

두둥
우리가 삼국을 통일하는 것이다!
우리 신라는 지금 빼앗긴 땅을 되찾기에도 힘든 상황인데요?
삼국 통일은 말도 안 돼요!
한 뼘의 땅을 위해 싸웠던 지금과 다르게, 삼국 통일이라는 희망으로 사기가 오른 군대라면 거뜬히 해낼 수 있을 것이다.
반굴이의 의견도 나쁘지 않았지만, 기쁨이의 의견은 참으로 탁월하구나.
오, 신라의 바른 햇병아리를 이겼다요!
기쁨아, 너는 정말 무섭도록 생각이 깊구나.
하하하, 저도 제 입이 무서우시게.

신라의 김유신 군영
뚱땅따당
뚱땅
김유신 장군님이
삼국 통일이라는 의욕에
불타지 않았었다오?
그랬으시게….
요즘 화랑 교육도
안 하시고 맨날
놀기만 하시네….
요 몇 달 동안
저러고 계신다요.
장군님에 대한 소문도
엄청 안 좋으시게.
하하하, 노는 게
제일 즐겁구나.
찌긋
끄덕

김유신 장군이 매일
술에 취해 놀고 있대요.
속닥
신라의 권력을 잡더니
더 이상 목숨 걸고 싸우지 않고
놀기로 했대요~.
가야 왕족 출신이라더니,
나라가 망하는 데는
다 이유가 있다니까요~.
속닥
그게 정말이오?
정말이죠. 내 제자, 아니
조카들이 군대에서 일하면서
보고 들은 거라고요.
羅
어? 선생님은
한동안 어디 가셨다가
오신 거다요?
김유신 장군님이 주신
비밀 임무를 수행하고 왔어요.
무슨 임무시게?

장군님에 대한 소문을 퍼뜨리는 거죠.
뿜 뿜
우아, 선생님한테 찰떡인 임무다요.
우리 선생님 입이 가볍기로는 천하제일인 걸 어떻게 알았으시게?
우리 유치원에 소문도 다 퍼져서 모두가 알고 있다요.
선생이라 말을 잘할 줄 알고 맡긴 거였는데, 입이 가벼운 걸로 천하제일이었구나.
그런데 소문이 잘못된 것 같으시게. 장군님에 대한 소문이 아주 많이 안 좋으시게.
그 헛소문을 선생님이 낸 거예요.
억울해…
우리 큰아버… 아니 대장군님을 개똥 같은 사람으로 소문낸 자가 선생님이었군요!
빡
헉!
작전이다, 반굴아! 작전을 위한 헛소문.
그게 왜 헛소문이시게? 술 마시고 놀기만 한 건 사실이시게.
하하하, 정 선생이 퍼뜨린 소문에 너희도 속을 정도니 반드시 백제군이 방심하겠구나.

백제군 진영
김유신이 매일 술을 마시고 흐트러져 있다는 소문이 사실인가?
그렇습니다. 제가 직접 들은 소문이니 분명합니다, 좌장 어른!
군사 훈련할 때 김유신이 나타나지 않는 날이 많아지자, 군사들과 백성들의 걱정이 크다고 합니다.
후후, 차별받던 가야계 촌놈이 신라의 군권을 가졌으니 이제는 흐트러질 만하지.
군사를 준비시켜라. 김유신을 무너뜨리고 서라벌로 향하겠다!
네, 좌장 어른!
형제들이여! 신라에게 백제의 힘을 보여 주자!
와아아아아!
두두두두두두

계획대로 싸우다 도주한다.
네, 대장군!
흥, 이거 뭐 상대도 안 되는군!
확실히 예전의 김유신 군대가 아니다! 다들 밀어붙여라!
와아아
그동안 우리 백제가 김유신에게 당한 한을 풀겠다. 한 놈도 살려 두지 마라!
이, 이런 안 되겠다! 모두 후퇴하라! 백제군이 몰려온다!
크윽!!

이대로라면 서라벌까지
단숨에 점령하겠군. 하하하.
두두두두두
百
쏴라!
쏴아아
좌장 어른,
뒤에서 화살이!
어디서 쏜 거지?
윽! 이게
어찌 된 일이냐?
신라군이
매복한 듯합니다!
와아아
쳇, 함정이다!

나 김유신이 여기 있다!
저, 저기 김유신입니다!
김, 김유신이다. 모두 후퇴하라!
대승입니다, 대장군. 백제의 뒤를 쫓아 백제의 성 12개를 점령하고, 3만이 넘는 백제군을 물리쳤습니다.
지금까지의 단순히 뺏고 빼앗기는 싸움이 아닌, 진정한 삼국 통일을 위한 첫걸음을 우리가 내딛었구나.

금쪽같은 역사 상식

당나라와 신라가 맺은 동맹

고구려와 백제의 공격을 막아 내기 어려웠던 신라는 훗날 태종 무열왕이 되는 김춘추가 당나라로 건너가 군사 동맹을 맺었어요. 고구려를 무너뜨리고 싶었던 당나라와 백제를 물리치려는 신라의 이해관계가 잘 맞았거든요. 나당연합군은 660년 지배층이 혼란을 겪던 백제를 멸망시켰고, 8년 후 지배층이 분열되고 있던 고구려도 멸망시켰어요. 그리고 신라는 고구려, 백제 유민들과 힘을 모아 당나라군을 몰아내고 삼국 통일을 이뤄냈어요.

대장군! 앞쪽 황산벌에 백제의 계백이 이끄는 5천 명의 결사대가 기다리고 있다고 합니다.
계백이라…, 백제 왕이 가장 끝끄러운 자를 내보냈구나.
계백과의 전투는 위험하다. 너희는 황산벌이 아닌 살던 곳으로 돌아가거라.
알겠으시게.
7월 11일 백제 사비성 앞
唐
신라군이 도착했습니다!
7월 10일까지 도착하라 했는데, 하루나 늦다니! 신라군을 관리하는 김문영의 목을 베어 당나라의 엄격함을 보여라!
신라군의 기를 꺾은 후 당나라군의 부하로 부려 먹으면 딱이겠어. 흐흐.
예, 알겠습니다!
쾅

신라의
김유신이오!
둥
대, 대장군이
무슨 일로 왔소?
내 부하를 처벌하려
한다는 게 사실이오?
약, 약속한 날짜를
어겼으니….
대총관은 황산벌 전투의
치열함은 생각지 않고, 기일에
늦은 죄만 따지려 합니까?
나는 죄 없이 모욕을
당하지 않을 것이오!
대총관께서 그리하겠다면,
내가 먼저 당나라군을 치고 나서
백제를 멸망시키겠소!
쿵
잠깐, 내가 진짜
목을 베려 하겠소?
그저 군기를 바로
세우려고 한 것뿐이니
진정하시오, 대장군.
대총관께서
우리의 사정을 이해해
준다니 감사할 따름이요.

금쪽같은 역사 상식

죽어서 왕이 된 김유신

김유신은 신라가 무너질 뻔한 위기의 순간에 등장해 고구려와 백제에 맞서 신라를 지켜 냈을 뿐 아니라, 신라 내 구귀족들의 반란을 진압해 왕권을 안정시킨 장군이자 정치인이에요. 무엇보다 삼국 중 가장 약했던 신라를 이끌고 삼국 통일의 큰 업적을 만들어 낸 영웅이지요. 김유신은 삼국 통일의 공을 인정받아 사후에 '흥무대왕'으로 임금의 칭호가 주어졌는데, 이는 우리 역사상 왕족이 아닌 사람이 왕이 된 유일한 사례예요.

금쪽이들과 햇병아리들의
놀이터 우선권을 건 숨 막히는
색종이 뒤집기 결승전!
와아! 와아!
금쪽이 유치원
안 봐도 너튜브지.
우리의 승리 아니겠어?
두둥
우린 신라 바른 햇병아리도
이겼으시게. 현대 햇병아리라고
못 이기겠으시게?
준비하시고,
시작!!
오, 햇병아리 반이
월등히 빠릅니다!
예상대로
쉽게 끝나나요?
휙
휙
휙
금쪽이들은 가장 약한 나라,
신라를 이끌고 삼국을 통일한
김유신 장군의 역사를 배웠어.
우습게 보지 마!

사랑이 파워!
쿵
꺄아악!
어라, 몸이 떴어?
둥실
척
척
척
믿, 믿기지 않는군요. 금쪽이들이 이겼습니다….
이겼다!
착
김유신 장군님, 만세!

3장

끝까지 최선을 다하라, 백제

700년 백제의 마지막을 장식한 계백

다, 당나라와 신라가
지금 백제를?
두둥
아!
당장 계백을
불러라! 빨리!
부들
콰직
시, 신라만 막아 내면
신라를 도우러 온 당나라도
우리 백제와 죽기 살기로
싸우지 않을 것이다.
짐이 당나라를 설득할
수 있게 계백 자네가
시간을 벌어 주게나.
자네가 그리해 줘야
우리 백제가 살 수 있네.

군사가 5천뿐이라….
염치없지만 부탁하네,
계백!
폐하, 부탁이라니요.
백제의 주인으로서 어찌 그런
약한 말씀을 하십니까?
당당히 명을 내려 주시옵소서.
신 계백! 백제와
폐하를 위해 목숨을 바쳐
명을 수행하겠나이다.
흑
아….
내가 못난 모습을
보였구나.
지금 짐의 모습은
어떠한가?
젊으셨을 적
영웅의 표정입니다, 폐하!
내가 결사대 5천 명을
내주겠다. 계백은
신라군을 반드시 막거라!
신 계백!
명을 받들겠습니다!

금쪽같은 역사 상식

의자왕과 3천 궁녀

백제 마지막 왕의 이름은 '부여 의자'예요. 마지막 왕이었기에 그 덕을 칭송하는 묘호 없이 이름에 그냥 '왕'자를 붙여서 의자왕이라고 기억되고 있어요. 망국의 마지막 왕이었기에 3천 궁녀를 거느렸다는 등의 나쁜 이야기가 많지만, 사실 의자왕은 젊었을 적 '해동증자'라고 불릴 만큼 효심과 우애가 깊은 훌륭한 왕이었어요. 신라를 멸망 위기로 몰아넣을 만큼 백제를 강하게 만들었지만, 나이가 들면서 사치에 빠지고 외교 관계에서도 잘못된 결정이 많아졌어요. 결국 660년, 나당연합군에 의해 백제는 멸망했고, 의자왕은 당나라에 끌려간 지 며칠만에 세상을 떠났어요.

신라군은 5만 명이고 우리는 5천 명이라는데, 어쩌죠?
뭘 어째? 다 죽었다고 봐야지.
무슨 말을 그렇게 하나! 나는 내 사랑 삼순이랑 혼인 날짜까지 잡아 놨다고. 난 이대로 못 죽네.
아휴, 저도 안 죽고 싶죠. 상대 군사가 5만 명인데, 이길 재주가 있겠어요?
싸우다 질 것 같으면 당연히 부리나케 도망가야지! 이 넓은 백제 땅에서 삼순이랑 숨을 곳 하나 없겠어?
자네들도 생각 잘 해! 이건 이미 끝난 전쟁이야.
높으신 귀족들은 몰라도 우리 같은 백성들은 눈치껏 제 살길 찾아야지!
그렇기는 한데….
꿈틀

저놈들이!
그만두게.
군사들도 불안해서
떠드는 게 아니겠나?
하나, 저런 자를 그냥 두시면
군의 사기가 떨어지게 됩니다!
사기를 올리는 건 우리의 역할일세.
그렇지 않아도 군사 수가 부족해
한 명의 군사도 아쉽네.
5천 명으로는 신라군이
백제로 넘어오는 길목을
전부 막아 낼 수 없다.
신라의 김유신은
계략이 능한 자인데….
어느 길로 올 것인가?
휘익
내 고민을
해결해 줄 자가
없을까?

나당연합군의 공격으로 우리 백제의 미래가 위태로운 상황이오.
우리 가족이 적의 노비가 되는 치욕을 당할 수는 없소….
당
당
네, 깨끗하게 죽겠습니다.
계백의 집
이 못난 아비를 원망하거라!
두
훅
너무 멀리 가지 말거라. 곧 뒤따라가마. 흑.
분명 선생님이 수업 시간에 핸드폰을 보면 안 된다고 했는데요!
금쪽이 유치원
어, 없으시게. 안 봤으시게….
나는 혼날 줄 알았다요~.

그럼, 이건 뭐죠?
어라, 핸드폰이 언제부터 있었으시게?
분명히 기쁨이랑 선생님이 약속을 한 것 같은데요?
약속을 깨다니 빨리 사과하시게!
끄응~
사과는 기쁨이가 해야지요.
미, 미안하시게….
분명 안 보기로 결심했는데, 나도 모르게 들고 있었으시게.
선생님, 진짜 그렇다요. 마법에 걸린 것처럼 손에서 떨어지지 않는다요.
원래 말로만 하는 결심은 효과가 없는 법이에요.
무엇이든 결심했다면, 구체적이면서도 실천이 가능한 방법을 찾아야 해요.
어, 저기 편지다요!

누구다요?
빨리 비행기를 펼쳐서 읽어 보시게!
역사 속에서 큰 결심과 굳은 의지를 보여 준 백제의 계백 장군님의 고민이네요!
출동이시게~.
휘
百
너희가 내 고민을?
맞다요.
묻지도 따지지도 않고 해결해 주겠으시게.
내 고민은 백제로 들어오는 여러 갈림길 중에서 어디서 신라군을 막아야 할지 모르겠다는 것이다.
어느 길로 오는지만 안다면, 비록 병사는 적지만 험한 곳에 의지해 신라군을 막아 낼 수 있을 텐데….
흠….

제일 큰길로 올 거시게.
어찌 아느냐?
우리 할머니가 큰길로 다니라고 했으시게.
좁은 길에서는 동네 나쁜 형들이 있으시게.
하하하, 나쁜 형이라고?
그래, 백제가 나쁜 형이 될 순 없지. 가장 큰길이라 할 수 있는 황산벌에서 신라군과 싸우겠다.
자, 장군! 철없는 아이의 말을 듣고 어찌 10배가 넘는 적과 넓은 벌판에서 싸우려 하십니까?
기쁨이 말을 듣고 우리의 목적이 이기는 게 아닌 적의 진격 속도를 늦추는 것임을 다시 깨달았다.
적은 빨리 수도를 함락하고 싶을 것이다. 황산벌을 막아야 한다.
고맙구나, 기쁨아. 내가 뭘 해야 하는지 덕분에 깨달았다.
기, 기쁨이는 원래 다 아시게~.

백제의 형제들아! 황산벌에서 신라군을 막고 백제를 지키자!
와아아아
큭, 백제를 위해 장군님의 가족들이….
좋아, 어디 한번 해 보자고!
그래, 죽기 살기로 덤벼 보자!
어제까지만 해도 의지가 없던 군사들이 죽음을 각오한 표정들이군요.
다 함께 싸워 볼 만하겠습니다.
百
황산벌
저쪽에 신라군이다!!

저기 백제군이 보입니다.
5천 명이라더니 우리 군보다 정말 보잘것없군요.
흠….
羅
하하, 망할 때가 되니 이름난 장수 계백도 멍청한 짓을 하는군요.
그러게나 말이다. 10배나 많은 우리 군을 상대로 넓은 벌판에서 승부를 걸다니.
난 오히려 배수진을 치고 우릴 기다린 계백이 무섭구나….
반굴의 아버지 김흠순
관창의 아버지 김품일
신라의 대장군 김유신
형님, 뭘 고민하십니까? 그냥 쓸어버립시다!
척
허허, 네가 군을 이끌고 한번 싸워 보거라.

*야습: 밤에 적을 갑자기 덮쳐서 공격함.

*목책: 말뚝을 죽 잇따라 박아 만든 울타리.

기쁨이, 거기에는
왜 올라가 있나요?
높은데 안 무서워요?
사랑이가 훨씬 더
무서우시게.
여긴 안전하시게~.
그리고 이상형이란 말은
취소시게! 메롱~.
잘생긴 얼굴만 믿고
까불면 정말 혼난다요!!
히히, 혼내 보시게.
여긴 못 올라오시게.
실룩
실룩
너 내려오면
가만 안 둔다요!
스스슥

안전한 장소를 찾다니
기쁨인 천재시게~.
완전
메롱이시게~.
응?
기쁨이가 목책 밖에서
무언가를 발견한 듯하니
화살을 쏴서 확인해 보거라.
슈슈슉
신라군이다!
헉, 들켰다!
후퇴하라!
으악!
百
대장군!
신라군의 야습을
막았습니다!
기쁨이 덕분이다.

헉헉, 대장군!
왼쪽 목책에 신라군들이 오르고 있습니다!
후퇴가 너무 빠르다고 생각했었는데,
이쪽은 미끼였나….
어서 지원병을!
그래, 당장 추가 지원병을…. 잠깐만!
김유신은 계략에 능한 자다. 야습 규모를 정확히 모르고 섣불리 병사를 나눠 보내면 오히려 적에게 말릴 수 있다.
정보가 더 필요한데…. 응?
나 귀해~. 기쁨이 소중해~.
나는? 사랑이는?
너는 기쁨이만큼 안 소중하시게.
뭐?
우르르
기쁨이가 적은 많지 않다고 한다.
왼쪽 목책으로 지원군 2백 명을 보내고, 나머지 군사는 언제든 출동할 수 있게 대기하라!
자, 가자!

응? 뭐지?
어디선가 주목받고 있는
듯한 이 기분은?
지원군을
데리고 왔다!
딱 맞춰 오셨군요.
덕분에 살았습니다.
알겠다요. 대신
기쁨이가 안 내려오면
맛난 밥은 없다요~.
헉!
음식을 인질로 잡다니!
완전 비겁하시게!
오른쪽을 향해 휘젓는 팔?
아, 오른쪽에 대군이 있다는
기쁨이의 수신호구나!
오른쪽에 대군이다.
내가 여유 병력으로
막겠다.
네, 대장군!
하하-, 너희의 수는
다 파악하고 있다!
이놈들!
헉, 때맞춰서
지원 병력이 오다니!

야습에 대한 대비가 철저합니다, 형님.
이렇게 빈틈이 없을 줄이야…. 계속 병사를 잃을 수는 없다! 퇴각하라!
와아아아
두 번째 전투도 우리의 승리다!
밤이라 잘 보이지도 않는데, 신라군의 움직임을 눈치채다니. 저 아이는 정말 대단해!
위기에서 머리보다 몸이 먼저 반응하는 걸 보니 기쁨이는 명장이 될 자질이 있구나.
기쁨이가 숨어든 신라군을 기막히게 발견해 알려 주니 전투가 훨씬 여유롭구나.
어라, 오해가 깊어지는 것 같은데….
내, 내가 그렇게 대단하시게? 역시 기쁨인 천재 어린이시게~.
어디 가십니까?
받은 게 있으면 돌려줘야지.
아무리 김유신이라도 야습을 받은 날에 우리가 신라를 바로 공격할 거라고는 생각지도 못할 것이다.

기마병 5백 명은 날 따르거라!
예, 대장군!
두두두두
백제군에게 죽음은 허락하지 않겠다!
촤악
한바탕 놀아 주고 모두 살아서 복귀한다! 알겠느냐?
알겠습니다!
크억!
배, 백제군이 쳐들어왔다!
나 계백이 여기 있다! 내게 맞설 자가 신라에 있느냐? 하하하!

혀, 형님 계백이 쳐들어왔습니다!
큭…. 한 방 먹었군.
저들은 소수다! 당황하지 말고 활을 쏴 한쪽으로 몰아붙여라!
슈슈슉
휘이이익
카캉
신라군이 혼란했던 처음과 달리 안정을 되찾았습니다.
후, 역시 김유신 대응이 빠르군.
됐다. 저들을 놀라게 했으니, 목적은 이뤘다.
이대로 서문을 통해 우리 군영으로 돌아가자.
네, 대장군.
두두두두

羅
세 번째 패배라.
불필요한 희생이 싫어 계책을 써 왔지만, 이제부터는 전투를 피하지 않겠다.
계백! 처절한 싸움을 원한다면 신라의 힘으로 백제를 눌러 주지!
둥둥둥
공격하라!
와 아아
어, 엄청 많은 군사가 오시게!!

오늘 계백을 넘어 사비성으로 갈 것이다!
와아아아
이얍
켁!
신라 놈들이 우리 땅을 밟게 하지 마라!
흔들 흔들
목책이!
미, 밀리고 있으시게….
안 되시게! 다들 힘내시게!
기쁨아, 어서 내려오라요!

와, 드디어
뚫렸다!
쿠당탕
히엑
기쁨아, 피해라요!
팍!
붕
사랑이 파워!
콰
감히 기쁨이에게
화살을 쐈다요?
어어?
부웅

지금이다.
신라군의 진형이 흐트러졌다!
신라군을 몰아내라!
와아아
얍!
윽!
백제 놈들이 지독하게
덤벼 대는 탓에 이대로 이긴다
해도 피해가 너무 큽니다.
물러나야 합니다.
큭, 아깝다.
거의 다 무너뜨렸다고
생각했는데….
퇴각하라!
와락
기쁨이와 사랑이,
너희만 있으면 백제는
절대로 지지 않을 것만
같구나. 하하!

羅
5만 명으로 5천 명에게 진 것이 네 번째인가?
면목이 없습니다, 형님….
형님, 이대로라면 당나라와 약속한 날짜에 도착하기 힘듭니다.
날짜 약속 따위를 신경 쓸 상황이 아니다.
군사들이 백제군을 두려워하기 시작했다. 계속되는 패배로 사기가 떨어진다면 우리는 황산벌에서 전멸할 수도 있다.
그것만은 막아야 한다.
흠순아…. 두려움을 이길 분노가 우리 군에 필요하다.
두둥
알겠습니다, 형님.

반굴아! 신하로서 충성만 한 게 없고, 자식 된 도리로 효도만 한 게 없다.
네, 아버지.
우리 군이 어려운 상황이다. 위태로울 때 목숨을 바친다면 충과 효, 두 개를 모두 갖추게 된다.
저 또한 원하는 바입니다.
이랴!
두두두
나는 신라의 대장군, 김유신의 조카! 화랑 반굴이다!
百
적장 계백은 나와 창을 겨룰 용기가 있느냐?
반굴? 숫자를 잘못 세서 우리를 고생시킨 그 반굴이시게?
맞다요! 못 본 사이에 많이 컸다요.

반가우시게~.
여기 보시게~.
百
또각
또각
화랑 따위가 감히!
챙
챙
반굴의 무술 실력이
저렇게 좋았다요?
우리랑 헤어지고도
열심히 했나 보시게.
기쁨이가 가르친 보람이
있으시게~.
반굴은 기쁨이한테
배운 적이 없다요.
챙
챙
큭!
나이에 비해
실력은 좋지만,
여기까지다!

아, 안 돼!
쿵!
반굴은 아직 어리다요!
으아앙
미안하구나. 신라가 어린애를 보낼 줄은….
羅
반굴아, 미안하다…. 큰아버지가 돼서 너를 이리 보내는구나.
크윽.
혀, 형님이 왜 사과를 하시오….
그대들도 울지 마시오. 내 아들은 화랑으로서 멋지게 싸운 것이오.
그러니 칭찬해 주시오. 장하다고….
흑흑.

흐흑…, 잘했다.
내 아들 반굴아, 잘했어!
너는 용감했다….
반굴이만큼 장한 화랑이
여기 또 있습니다!
불쑥
내 아들은 나이가
겨우 열여섯이지만, 의지와
기백이 뛰어나 저들과 맞서
싸운다면 반드시 군의 모범이
될 것입니다.
저 관창이
우리 군의 사기를
높이겠습니다!
나는 화랑 관창이다!
백제의 계백은 화랑을
두려워하는 겁쟁이냐?
직접 나와라!
후, 저 화랑은 아까 그
소년보다 더 어린 듯하구나.
죽이지 말고 사로잡아라.
예, 장군!
척

비켜라! 계백은 어디 있느냐?
훅
쿠당탕
百
百
넌 몇 살이냐?
열여섯이다!
신라는 어린 화랑까지도 이리 용감하다니. 우리 백제가 이기기 어렵겠구나….

용기는 기특하지만 이곳은 어린 네가 죽을 곳이 아니다. 신라군으로 돌아가거라.
나이와 상관없이 나는 신라의 장수다!
홱
장수로서 죽기를 원한다!
촤악
적진에 들어가 적장을 베지도 못하고 돌아오니 참으로 부끄럽습니다.
다시 가서 반드시 계백의 목을 베겠습니다. 그렇지 않으면….
꿈꺽
살아서 돌아오지 않을 것입니다!
자, 장하다 내 아들….

챙
물러나라!
길을 열어라!
챙
턱
윽!
쿠웅
百
넌 죽음이
두렵지도 않느냐?
대장부로 태어나 나라를 위해
목숨을 바칠 수 있으니, 이보다
더한 영광이 어디 있겠느냐?
내가 적장의 목을
베지 못하고 죽는 것이
한이 될 뿐이다.

금쪽같은 역사 상식

혼자 돌격한 반굴과 관창

영화나 문학 작품을 보면 화랑 반굴과 관창이 혼자서 백제 진영에 돌격해 용감하게 목숨을 바치는 장면이 나와요. 하지만 사실은 그렇지 않아요. 《삼국사기》의 관창 열전을 보면 '적의 수가 많고 아군은 적어서'라고 적혀 있는데, 이 말은 수가 적긴 했지만 반굴과 관창이 혼자서 돌격한 건 아니라는 걸 알 수 있어요. 신라는 군대가 위기에 빠졌을 때 화랑을 중심으로 소규모 별동대를 꾸려 돌파구를 마련하는 작전을 종종 사용했어요. 김유신도 젊었을 때 고구려와의 낭비성 전투에서 신라가 패할 위기를 맞자 적은 수의 별동대를 이끌고 고구려 장수를 베고 돌아와 전투를 승리로 이끌었다는 기록이 있어요.

정 선생, 금쪽이들과
어서 황산벌을 빠져나가시오.
네, 장군님.
무운*을 빌겠습니다.
*무운: 전쟁 따위에서 이기고 지는 운수.
안타깝지만 어린 화랑들의 희생으로
백제의 운명이 결정되었다.
곧 마지막 전쟁이 시작되면
너희가 돌아가기 어려울 것이야.
백제가 이기고 있는데,
왜 그러시게?
내, 내 아이의
표정이 살아 있는 것만
같구나….
크흑
나라를 위해 죽은
너의 용기와 이름은 천 년 후까지
알려질 것이다. 흑흑.
모두 보았느냐?
채 피지도 못한
어린 화랑의 죽음을!
이대로 백제를 두려워하며
신라로 도망치겠느냐?
활활

반굴과 관창의 원수를 갚자!
와아아아
羅
두려움은 잊고 분노를 쏟아 내라!
백제의 형제들아! 부모 형제를 위해 목숨을 바치자!
百

아악!
푹
혀, 형님!
싸우다 질 것 같으면 도망간다고 했잖아요. 어째서 끝까지 싸우고 계셨습니까…?
그, 그럴 생각이었지만 도망치는 놈이 한 사람도 없는데, 어떻게 나만 도망을 치겠느냐.
하긴 계백 장군님도 가족까지 희생하고 싸우시는데, 갈 수 없죠.
그래, 돌아가면 삼순이한테 창피해서 말도 못 해…. 헉헉.
반굴과 관창의 원수를 갚자!!
슈우욱
쾅
히익

백제의 형제들아,
모두 장하다.
하나 아직 끝은 아니니다.
나, 계백을 넘지 못하면
너희는 이 황산벌에서
한 발자국도 못 간다!
자, 장군님!
턱!
쿠웅
계백은 무서운 자다.
모두 물러서거라!
김품일 장군!
우리 아들, 관창과
반굴의 원수를 갚겠다.
오너라! 그대들이
어린 화랑만큼이나
용맹한지 지켜봐 주마.

금쪽같은 역사 상식

백제 부흥 운동

660년 나당연합군에 의해 의자왕이 잡히면서 백제가 멸망했어요. 하지만 복신, 도침, 흑치상지, 지수신 등 백제 인물들이 일본에 있던 의자왕의 아들, 부여풍을 왕으로 세우고 곧바로 나라를 다시 일으키려는 백제 부흥 운동이 일어났어요. 이 부흥 운동은 한때 3만여 명의 군사를 모으고 2백여 개의 성을 회복하는 등 기세를 올렸지만, 내부에서 분쟁이 일어나며 약 4년 만에 결국 실패로 끝났어요.

으악!
내 핸드폰!
금쪽이 유치
이게 왜 어항 속에
있는 거죠?
계백 장군님의 단호한
의지를 배웠으시게.
수업 시간에 핸드폰을
안 본다는 약속을 지키기 위한
단호한 의지이시게~.
부들 부들
저는 말렸다요.
으아아아
그 단호한 의지를
선생님 핸드폰으로
표현하면 어떡해요?
허억! 계백 장군님!
뭔가 잘못된 것 같으시게!

4장

나라와 백성을 지켜라, 고려

고려의 이순신,
양규

콰앙
불화살을 쏴라!
픽 픽
길길, 우리 거란군은 불화살에 대한 준비도 완벽하다고~.
물에 젖은 소가죽으로 불화살을 막아 내고 있습니다!

*도순검사: 고려 시대에 지방에 임시로 파견하던 벼슬아치

윽, 축축해.
이게 뭐야?
킁킁,
설마 기, 기름?
그래, 맹화유다.
이름 그대로 맹렬히
타오르는 기름이지.
퍽
화르르르
앗, 뜨거워!
불이야!
얼른
도망쳐!

거란군 진영
짐의 40만 대군이 어찌 저 작은 성 하나를 며칠 동안 뚫지 못하는 것이냐! 이유가 무엇인가?
쾅
거란의 황제 성종
거란군 사령관 소배압
저 흥화진을 지휘하는 자의 능력이 뛰어난 데다, 백성들의 지지를 받고 있습니다.
군과 백성이 하나로 뭉치니 뚫는 게 쉽지 않습니다….
제게 백성들의 지지를 무너뜨릴 방법이 있습니다.
무엇인가?
흥화진 주변에서 생포한 고려 백성들이 꽤 있습니다. 그들의 목숨을 이용한다면 분명히 무너질 것입니다.
그래, 백성의 안전을 신경 쓰는 자라면 분명히 동요할 수밖에 없겠구나. 당장 실행하라!
큭큭.

저, 저기!
도순검사! 저기에 흥화진으로 피하지 못한 백성들이 있습니다!
뭐라?
契丹
契丹
잘 봐라.
덜 덜 덜
高
부들 부들

내일까지 항복하지 않으면 잡힌 고려 백성들을 모조리 베겠다고 했소.
저, 짐승 같은 오랑캐 놈들!
항복은 안 됩니다, 도순검사!
그렇다고 순순히 성문을 열 수는 없습니다.
하지만 눈앞에서 백성들이 죽는 걸 본다면 병사들이 동요하게 될 것입니다.
맞습니다. 죽는 백성만 늘어날 뿐입니다.
모두 물러가시오. 방법을 고민해 보겠소.
나라를 지키는 장수로서 성을 넘겨줄 수 없다.
하나, 백성을 지키지 못한다면 나라를 지키는 게 무슨 소용이란 말인가….
이 무거운 선택에 도와줄 사람이 나타났으면 좋겠구나.
휘익

금쪽이 유치원
기쁨이, 왜 또 혼나고 있어요?
아야야….
기쁨이가 비겁하게 굴었다요!
소꿉놀이하는데, 친구들이 놀린다고 울면서 도망쳤다요.
뭐라고 놀렸는데요?
기쁨이와 사랑이가 신혼부부처럼 잘 어울린다고 했다요~.
너무 억울해서 도망쳤으시게!!
아….
휙
저기 편지가!
휴, 분위기가 서먹해질 뻔했는데 다행이다.

누구한테 온
편지다요?
세상 두려울 게 없는
용감함을 가진 고려의
양규 장군님 편지네요.
용감이라면 기쁨이가
꼭 배워야 한다요!
어서 가자요!
이얍
바둥
바둥
내 고민을
너희가?
高
네, 고민은 우리가 해결할 테니
장군님은 용감해지는 방법만
알려 주면 된다요.
오, 알겠다.
정말이다요?
이런 나쁜 오랑캐들!
우리가 구하겠다요!
우, 우리?

기, 기쁨인 몸이 아파서 빼 주시게. 여기 얼굴에 이상한 게 생겼으시게.
콕
콕
콕
손에 든 사인펜은 내려놓고 말하라요!
!
기쁨이 행동을 보고 좋은 생각이 났어요. 소곤소곤….
속닥
속닥
오, 좋은 생각이다요!
포로가 된 백성들을 구하러 역사 해결사 금쪽이가 출동한다!
척
너, 너희를 믿으마.
빨리빨리 걸어!
契丹
장군, 숨어 있던 고려 백성들을 더 잡아 왔습니다.
잘했다. 고려 백성들이 제 발로 찾아오다니 고려군을 압박하는 데 유리하겠어.
고개를 들어라!

*역병: 온몸에 증상을 나타내며 집단적으로 생기는 전염병.

契丹
폐하, 숨어 있던 고려인을 보니, 흥화진에서 역병에 걸린 자만 밖에 둔 것이 아닌지 의심됩니다.
뭐라고? 모두 죽여라!
폐하, 진정하시옵소서. 역병에 걸린 병자들을 죽이면 병이 빨리 퍼질 수 있습니다.
쳇, 그럼 어쩌자는 말이냐?
인질들을 풀어서 흥화진으로 들여보내면 어떨까 싶습니다.
오, 성안으로 역병을 보내겠다?
네, 그리하면 우리 군의 희생 없이 흥화진을 무너뜨리기에 충분할 것입니다.

딴 길로 새는 고려인은
베겠다! 모두 흥화진으로
들어가라!
契丹
契丹
기쁨이의 잔머리를 보고
생각한 방법인데,
저들이 깜빡 속았네요.
아이디어를 준 내가
정말 훌륭하시게~
방법? 너희 역병에
걸린 게 아니었니?
사실….
퉤!
그린 거다요~.
뽀득
뽀득
너희가 우릴
살렸구나!

고생했소.
어서들 오시오.
어떠한 희생 없이
백성들을 구해 낼 거라곤
생각도 못 했습니다.
모두 역사 해결사
금쪽이들 덕분이지.
契丹
펄럭
곧 흥화진은 역병으로
무너질 테니 내버려두고,
본격적으로 고려를 정벌하겠다!
예, 폐하!

거란군이 남쪽으로 떠납니다.
그래, 우리 고려의 주력군을 이끄는 강조 장군이 30만 명으로 저들을 막아 낼 것이다.
와 와
와 와
며칠 후
두두두두
도, 도순검사! 강조 장군의 30만 군이 거란군과의 결전에서 패하고 강조 장군은 잡혀 있답니다!
뭐라? 어째서 그런 일이….

금쪽같은 역사 상식

반역자이자 애국자인 강조 장군

강조는 고려 서북쪽 국경의 군사 책임자였어요. 고려 7대 왕 목종 시기에 정치가 혼란스럽자 군사를 이끌고 개경으로 들어와 목종을 죽이고 현종을 새 임금으로 세웠어요. 거란이 이 일을 빌미로 고려를 침략했고, 강조는 총대장이 되어 직접 30만 군사를 이끌고 통주에서 거란과 맞서 싸웠어요. 고려군은 초반에 여러 차례 승리했지만, 이후 거란군의 기습으로 패배하고 말았어요. 강조는 거란군에게 잡혀 포로가 되었지요. 거란 황제는 강조가 마음에 들어 여러 차례 항복을 권하고 고문도 했지만, 강조는 고려의 신하로 죽기를 원한다며 거절했고 결국 죽음을 맞이했답니다.

거란 진영
契丹
흥화진은 어떤가? 역병으로 무너졌느냐?
그, 그게….
전해 듣기로는 역병은커녕 흔들림도 없다고 합니다.
지금 짐이 속았다는 것이냐?
소, 송구합니다, 폐하!
쾅
적이 짐을 속였다면 짐 또한 적을 속일 수밖에.
씨익
우리가 잡아 둔 고려의 총대장, 강조의 이름으로 흥화진에 편지를 보내라.
총대장인 자신도 항복했으니, 어서 항복하라고!
훌륭한 계책입니다, 폐하!

따가닥 따가닥
고려군 총대장, 강조 장군의 편지요!
강조 장군께서 항복했으니, 흥화진도 성문을 열고 항복하라?
그렇소.
강조 장군님이 항복했다는 게 정말이다요?
총대장이 항복하면 끝난 거 아니시게?
나는 고려 왕의 명을 받지, 강조의 명을 받는 게 아니라고 말이다!
와, 최고!
가서 너희 왕에게 전해라.
화르륵
쳇!

짐이 고려의 왕을 잡아들여도
저런 오만한 말을 할 수 있는지
지켜보겠다.
쾅
부들
부들
고려를 짓밟아라!
흥화진
高
도순검사! 거란군이
곽주성을 무너뜨리고 서경을
공격 중이라고 합니다!
서경이
어디다요?
고려의 두 번째 수도로
지금의 평양을 말해요.
이대로 서경마저
빼앗길 순 없다.
우리가 거란군의
뒤를 치겠다!
척

*정예병: 보통보다 훨씬 뛰어나게 움직임이 빠르고 용맹스러운 병사.

너희도 지원했구나!
나와 함께해 준다니 천군만마를 얻은 듯하구나.
무슨 일이든 명령만 내려 주시게~.
거란의 왕에게 고려의 힘을 보여 주자!
예, 도순검사!
고려군과 거란군의 위치
양규 장군은 통주성에서 1천여 명의 병사를 수습해, 총 1천 7백 명의 별동대를 이끌고 빼앗긴 곽주성을 되찾기 위해 거란군의 뒤를 쫓았다.
곽주성만 되찾는다면 분명히 거란군이 불안해할 것이다.
흥화진
통주
곽주
거란족
서경
서경만 침략하면 고려는 우리가 거의 점령한 셈이지.
개경
현종 (고려 8대 왕)
서경이 무너지면 개경까진 금방인데….
이를 어쩌나?

곽주성에 거란군이 얼마나 있나?
契丹
契丹
6천 명입니다.
6천 대 1천 7백이라. 해 볼 만하군.
하나도 해 볼 만 하지 않으시게….
혹시 숫자를 잘 모르시게? 6천 대 1천 7백이 몇 배냐면….
음, 어….
아마도 100배? 그 정도로 엄청나게 차이가 나시게~.
휴~
100배는 아니고 약 3배 반 정도 차이예요.
대충 그런 이야기시게. 3배 반! 하여간 적이 엄청 많은 거시게. 헤헤.
기쁨이가 유명한 장군님을 몇 명 아는데, 엄청 적은 군사로 공격하겠다는 사람은 한 명도 없었으시게.

그렇지만 저 안에 그조를 기다리는 백성이 수천 명이다. 우리의 수가 적다고 저들을 모른 척하면 되겠느냐?
멋, 멋지시게….
으아앙! 금쪽이들이 도울 테니 뭐든 말만 하시게!
와락
저들을 야습하려면 성안의 거란군 위치가 필요한데, 알 방법이 없구나.
기쁨이만 믿으시게! 내게 방법이 있으시게.
준비됐으시게.
부웅
사랑이 파워!!
슝
쾅

서문 쪽에 군사가 많으시게.
동문에는 군사가 얼마 없고,
말먹이인 풀이 산더미처럼
쌓여 있으시게~.
契丹
契丹
붕
아!
쓔우웅
더 좋은 방법이
생각났으시게.
방법?
턱
내가 직접 동문을 열 테니
양규 장군님한테 동문 앞에
숨어 계시라고 하시게.
이제 사랑이는 나를
말먹이가 쌓인 동문으로
날려 주시게.
위치를 몰라 세밀한
조절은 어렵다요.
괜찮으시게.
널 믿으시게!
두근
두근
아, 알았다요.

사랑이 파워!
쌩~
헤헤,
가슴이 두근거려서
힘이 더 들어갔다요.
쓔우우웅
난다, 난다!!
팍
뿌직
푸하!
이게 뭐시게?
벌떡
마, 말 응가?

으아악! 내 믿음을 말 응가로 날리다니, 사랑이 미우시게!
웬 놈이냐? 마구간에서 나와라!
나, 나갈 테니 살려 주시게….
마, 말똥 괴물?
응? 괴물?
그래, 나는 말똥 괴물! 날 건드리면 확 안아서 냄새나게 할 거시게.
날 건들지 않는다면 그냥 나가려는데, 어떻게 할 거시게?
후드득
으으, 알았으니까 빨리 나가거라.
자, 장군!
문을 열어라! 냄새난다, 얼른!

끼익
히히히
이 성문이
열리면···.
우리가
기다리고 있지.
헉!
와아아아
으악!
고려군의 기습이다!
해냈다!
우리가 승리했어!
흥화진에 이어 이번 곽주성
공략에도 너희의 공이
아주 크구나. 정말 고맙다!
툭
契丹
거란군 대장이 나를
무서워하며 피했으시게.
정말이시게!
응가는 더러워서 피하지,
무서워서 피하는 게
아니다요. 흡!

뭐라고?
곽주성을 빼앗겨?
契丹
우리 뒤를 공격할 고려군이
남아 있었단 말이냐?
콱
흥화진을 지키던
양규라고 합니다.
쥐새끼 같은 놈이
감히!
쨍그랑
넙죽
폐하! 중간 기지로 삼은
곽주성을 빼앗긴 이상 남은 건
두 가지 전략뿐입니다….
말해 보거라.
첫째, 군을 철수해
안전한 곳까지 후퇴하는 것.
둘째, 서경은 건너뛰고
바로 개경을 공격해
고려 왕을 사로잡는 것입니다.
벌떡

*친정: 임금이 직접 정벌 전쟁에 참가함.

금쪽같은 역사 상식

겨울에 침략하는 유목 민족

거란은 크게 세 번 고려를 침략했는데, 항상 겨울이었어요. 조선 시대에 여진족의 청나라가 쳐들어왔을 때도 겨울이었지요. 유목 국가인 이들이 겨울에 전쟁하는 이유는 크게 두 가지인데, 첫 번째는 강이 얼기 때문이에요. 말을 타고 싸우는 기병 중심인 유목 국가는 강이 얼면 강을 건널 특별한 장비를 준비하지 않고도 쉽게 강을 건널 수 있어요. 두 번째는 풀이 자라는 다른 계절에는 말, 양, 낙타를 키우는 유목 경제 활동을 해야 하기 때문이랍니다.

고려군 진영
거란군이 회군 중이라고 합니다.
흥, 곱게 보내 줄 순 없지.
하루에 세 번씩 목욕하는데도, 말똥 냄새가 자꾸 나시게….
엥?
적이 돌아가면 전쟁은 끝난 거 아니다요? 위험하게 돌아가는 군대를 왜 공격하려 한다요?
이대로 순순히 돌아간다면 저들은 힘을 보충해 고려를 다시 공격할 것이다.
지금 최대한 피해를 줘야 다음에 저들이 고려를 쉽게 침략하지 못한다.
무엇보다 거란군이 수많은 우리 백성을 포로로 잡아갈 텐데 그들은 우리 고려군이 꼭 구해야 하지 않겠느냐?
양규 장군님의 용기로 모두 물들었으시게!
그렇습니다!
맞다요. 마치 양규 장군님이 수백 명으로 늘어난 거 같다요.

이곳 지형은 모두
잘 알고 있겠지만, 다시 확인해라.
풀 한 포기, 샛길 하나도
놓치지 마라.
적의 대군을 효과적으로
막아 내기 위해서는 지형지물의
도움을 받아야 한다!
예, 도순검사!
契丹
빨리빨리 걸어라!
철썩
악!
으….

쏴라!
슈슈슉
으아악!
매, 매복이다!
쳐라!

도망가는 적을 쫓지 마라. 백성들을 구하는 게 먼저다!
예, 도순검사!
고생들 하셨소. 이제 안심해도 됩니다.
저희를 살려 주시다니,
감사합니다.
불쑥
여기까지 오느라 고생했다.
으악! 또 고려군이다.
큭, 어느 길로 가도 고려군이 계속 나타나잖아?
이쪽으로!
죽는 줄 알았는데, 덕분에 살았습니다. 고맙습니다.

도순검사! 이 행렬에
가장 많은 백성들이
끌려가고 있답니다.
당연히 지키는 거란군도
많다고 합니다.
구하러 간다!
오! 그리 말씀하실 줄
알았습니다.
챙 챙
고려라는 말만 들어도
진저리 치게 해 주마.
이미 진저리 나….
제발 그만해.

장군, 저 뒤에도 많은 고려인이 잡혀 있습니다.
걱정 마시오. 남은 고려인도 구해 내겠소.
도순검사! 더 깊숙이 들어가면 위험합니다.
그 위험한 곳에.
우리 백성들이 있다. 난 가겠다. 자네들은 어찌하겠나?
도순검사께서 가시는데, 저희가 빠지면 되겠습니까?
기쁨아, 사랑아! 여기서 기다리다가 도망치는 우리 백성들을 안내해 주렴.
걱정 마시게. 사고 치고 도망가는 게 일이라 도망치기 일인자시게. 거란군이 못 잡게 잘 안내하겠으시게.
기쁨이는 이상하고 쓸모없는 기술을 아주 특별하게 써먹는 재주가 있다요.

모두 고맙다.
가자!
예! 도순검사!
백성을 지키는 것이
곧 고려를 지키는 것이다!
와아아아
슈슈슈
컥!
으악!
여러분, 이 앞으로 가다 보면
도와줄 사람들이 기다리고
있을 겁니다. 어서 가십시오!

저, 저놈들을 포위해라.
절대 도망가지 못하게 하라.
契丹
도순검사!
화살이 떨어졌습니다!
백성들이 도망갈
시간을 벌어야 한다.
물러서지 마라.
스릉
이쪽으로 가면
안전하시게!
덤벼라!
우리 뒤로는 한 놈도
보내지 않을 것이다!
으악!

헉헉, 백성들은?
모두 피한 것 같습니다. 헉헉.
그래, 이제 우리의 전쟁을 끝내고 쉬어도 되겠구나.
저승까지 모시겠습니다, 도순검사!
으야야야
오오
무, 무서운 놈들이다. 활을 쏴라!
처억
쏴아아
첫, 고생은 고생대로 했는데, 양규 때문에 남은 건 없구나.

금쪽같은 역사 상식

고려 거란 전쟁의 영웅들과 그 영향

거란은 당시 세계 최강의 군사 강국이었어요. 거란은 고려를 굴복시키기 위해 세 번의 침략을 했는데, 그때마다 고려에서는 새로운 영웅들이 나타나 고려를 지켜 냈지요.

1차 침략 서희의 강동 6주

993년, 거란의 소손녕이 80만의 대군을 이끌고 고려를 침공했어요. 땅 일부를 주고 화친을 맺자는 의견이 많았으나, 거란의 목적이 고려가 아니라는 걸 눈치챈 서희가 자신의 외교력으로 큰 피해 없이 오히려 강동 6주라는 땅을 얻어 냈어요.

2차 침략 양규 장군의 대활약

1010년, 거란의 황제 성종이 직접 40만 대군을 이끌고 고려를 침략했어요. 고려 중앙군 30만이 패하면서 현종이 나주까지 피하는 등 멸망의 위기에 몰렸으나, 양규의 활약으로 거란군을 후퇴시켰어요. 양규는 한 달 동안 일곱 번 싸워서 모두 이겼고, 거란군의 포로로 끌려가던 3만 명의 고려 백성을 구하고 전사했어요.

3차 침략 강감찬 장군의 귀주 대첩

1018년, 소배압이 황제의 친위군을 중심으로 10만 명을 이끌고 고려를 침략했지만, 상원수 강감찬이 이끄는 20만 고려군이 거란을 무찔렀어요. 이 전투가 귀주 대첩이에요. 이때 거란은 겨우 수천 명만이 살아서 돌아갔다고 해요. 귀주 대첩으로 고려와 거란, 송나라가 힘의 균형을 이루며 동아시아에 오랜 평화를 가져왔어요.

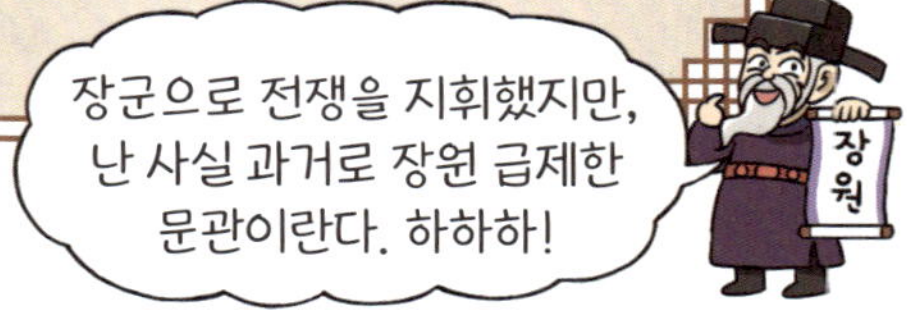

선생님, 선생님~.
기쁨이가 사랑이에게
용기 있게 고백했다요!
오, 정말요?
금쪽이 유치원
제게 매력 있다고
말했다요~.
오, ㄱ 쁨이~.
아앙
부끄
멈칫
양, 양규 장군님께 배운
용감함을 쓸 시간이시게.
용기 내서 말을….
저는 매를 번다고
말했는데요!
내 눈을 똑똑히 보고
다시 말해 보라요!
에휴.
양규 장군님 때문에
너무 용기를 냈다가
혼나기 5분 전이시게!

5장

백성의 마음을 뭉쳐라, 조선

새 땅을 개척한 큰 호랑이 김종서

그런데 그 여진족들을 우리 조선의 북쪽 땅에 모여 살게 두는 건 결코 좋은 일이 아니옵니다.
과인의 생각도 그러하다.
과인은 선왕들께서 물려주신 우리의 땅을 단 한 치도 내줄 수 없소.
쿵!
그대를 동북방 국경의 책임자, 함길도 절제사로 임명하겠다.
척
항상 몸에 지니고 우리 땅을 지켜라.
신 김종서, 어경을 따르겠나이다.

금쪽같은 역사 상식

비서 역할을 담당했던 승정원

김종서 장군이 북방을 개척하러 가기 직전의 관직은 승정원의 좌승지였어요. 승정원은 왕명을 전달하는 기관으로, 오늘날 대통령 비서실과 비슷해요. 또한 왕과 여러 부서 간의 소통을 맡으면서 그 일들을 자세히 기록하였는데, 그 기록이 《승정원일기》예요.

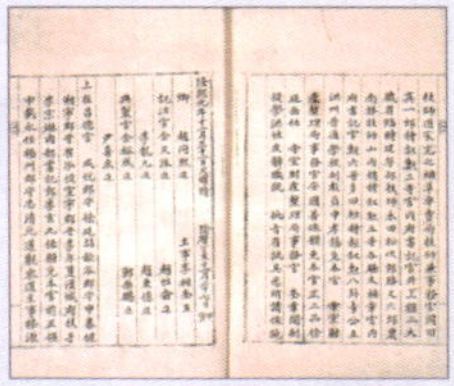

어찌해야 이 땅에
백성들이 마음을 붙이고
지낼지 고민이구나.
내 고민을 싣고
날아가거라!
휘익
금쪽이 유치원
기쁨이 차려시게!
내가 할 거시게!
그래, 그래.
기쁨이가 해 볼까요?
방
방
부들
부들
휴~, 다
세웠으시게.

네 개밖에 안 세웠다요….
이 놀이는 도미노를 최대한 많이 세우고 쓰러뜨리는 건데요.
이만큼 세우는 데도 힘들었으시게.
그게 포기한 거다요.
끈기가 있었더라면 재미를 느꼈을 텐데….
휙
어, 편지다요!
누구 편지시게?
끈기와 뚝심으로 조선의 북방을 개척한 김종서 장군님이네요.
끈기와 뚝심? 기쁨이를 위한 편지다요!
기쁨이의 끈기를 찾으러 가 볼까요?
휘익
뭐시게?

헉! 너, 너흰
누구냐?
짠, 으린 금쪽이!
역사 해결사시게!
척!
춥고 위험한 북쪽 땅에
백성들이 어떻게 정을 붙이게
할지 걱정이다요?
그래, 그게
내 고민이란다.
기쁨이가
해결하겠으시게
춥다면 불을 피워서
몸을 따뜻하게 하시게~.
큭, 저럴 줄
알았다요!
하하, 뭐라고?
북방의 6진은 아주 넓은데,
여길 따뜻하게 하려면
아주 큰불이 필요하겠구나.
웃기
시게?
잠깐, 그 불을
말한 게 아닌가?
그래. 몸을 따뜻하게 할 불은
어렵지만, 마음을 따뜻하게 할
큰불은 가능할 것 같구나!

찾았다. 백성의 마음을 따뜻하게 할 방법! 기쁨아, 고맙다.
해, 해결사에게 맡겨 주시게~.
헤헤, 얻어걸렸으시게.
백성들이 돌로 성을 쌓는 작업을 멈추도록 하겠다.
네? 오신 지 얼마 안 돼서 모르시나 본데, 이 지역은 언제 여진족이 침략할지 모릅니다.
맞습니다. 빨리 성을 쌓지 않으면 여진족의 공격을 막기 어렵습니다!
따뜻한 남쪽에서 살다가 추운 곳까지 이주한 백성들이다. 이주한 것도 고통인데, 성까지 쌓는다면 누가 이 땅에 마음을 붙이겠느냐?
나는 돌로 된 성이 아닌 백성들의 마음을 성벽으로 삼아 이 북방을 지키겠다.

일단 병사들이 세운 목책으로 성벽을 대신하고, 15세 이상 남성들에게는 활과 화살을 항상 지니게 해 만일을 대비하도록.
한양에 계시던 문관이라 이곳의 위험을 모르는 거 같아 돋시 걱정입니다….
그러게 말입니다, 믿음직스럽지 못하네요. 덩치도 작으시고.
여진족이 쳐들어왔을 때 숨지나 않으면 다행이겠어요.
성을 쌓는 일에 나가지만 않아도 숨통이 트이네요.
그러게 말이오. 성을 쌓던 일에 비하면 활을 갖고 다니는 건 일도 아니지요.
툭
그동안 이곳 상황을 파악하느라 장수들의 노고를 위로할 기회가 없었네. 오늘은 마음껏 들게.
감사합니다, 절제사 영감. 하하하!

슈욱
빠각
엄마야!
여진족이다.
절제사 영감을 지켜라!
아쉽지만 잔치는 끝났소.
이제 일할 때인 듯하오!
어? 문관이라 화살을
무서워할 줄 알았는데,
무서워하질 않잖아?
척

두두두두
나가서 여진족을 몰아냅시다!
알겠습니다. 절제사 영감!
다친 사람이 많은가?
다친 사람은 여럿 있지만, 다행히 죽은 사람은 없습니다.
다행이군. 또 다른 피해는?
절제사 영감께서 말하신 대로 지닌 활로 맞서 싸웠더니, 급히 곡식만 약탈해 떠났습니다.
여진족의 수는 어느 정도였나?
수십 명이고, 모두 기병이었습니다.
뒤를 쫓겠다!
내리는 눈과 추위로 지금 군을 움직이는 건 위험합니다. 내일 날이 풀린 뒤에 그들을 뒤쫓으시지요.

*체탐인: 세종 때 만들어진 특수 첩보 부대로 여진족에 대한 정찰이나 첩보 수집 활동을 했음.

여진족은 여기 좁은 계곡 길로 갔을 것이다.
이 산만 넘으면 여진족과 거리가 좁혀져 우리가 앞을 막을 수 있다. 어서 출발하자!
좁은 계곡 길로 갔는지 어떻게 아시지?
오, 정말 우리가 따라잡았다요!
지, 진짜 계곡 길로 갔을 줄이야….
헉.
헉.
헉.

눈싸움 대장인 내가
실력을 보여 주겠으시게.
정확히 여진족 대장한테
스트라이크를….
앗, 조심!
미끄덩
으악!
쿠당탕탕
데구루루
우아아아
쿵
붕

콰앙
으윽….
세, 세상이
빙글빙글하시게~.
헤롱
이, 이놈!
웬 놈인지 모르겠지만,
가만두지 않겠다!
챙
사랑이 파워!
두두두두두

쿠쿠쿠쿠
콰콰콰콰
촤아아아
헉, 눈사태다!
으아아악
어푸푸!
여진족을 쓸어버리고
기쁨이를 구해라!
와아아
모, 모두 도망쳐라!
헉, 조선군이
언제 여기까지!

다 돌려줄게요!
살려 주세요!
털썩
털썩
그대들이 빼앗겼던
곡식일세.
감사합니다,
절제사 영감.
굶을 생각에 괴로웠는데
곡식이 돌아왔으니, 올겨울은
충분히 날 수 있겠습니다.
잠깐, 자네는 왜 의원에게
가 보지 않았나?
저희 같이 천한 것들은
평생 의원님을 만나 본 적이
없습니다….
새로 개척한 땅에서는
다를 것이다.

나라에서 지원하는 의원이 있으니 늦지 않게 치료하거라.
네? 정말요?
자네도 다녀오게!
의원뿐만 아니라 이 땅을 개척하는 그대들에게 나라가 최대한 지원을 해 주겠다.
지원보단 고향으로 돌아가게 해 주면 좋겠는데….
씨앗과 농기구를 무료로 나눠 주고, 개간한 땅은 그대들의 소유로 인정하겠다!
내 땅이 된다고요?
세금과 부역은 최소화하고 서당을 세워 아이들에게 공부를 가르쳐 줄 것이다.
세금도 줄여 준다고요?
어떤가? 비록 이 북방이 춥고 위험하다지만, 이 땅에 뿌리를 내리고 살 만하지 않겠는가?
암요, 그렇고 말고요! 절제사 영감!

금쪽같은 역사 상식

대규모 이주 정책, 사민 정책

사민 정책은 조선 초기 북방 국경을 확장한 4군 6진을 지키기 위해 남쪽의 백성들을 북쪽으로 강제로 이주시킨 정책을 말해요. 이 정책의 성공을 위해 백성들에게 부역과 세금을 최소화해 주는 등 여러 지원책이 있었지만, 낯선 땅의 전염병과 흉년, 오랑캐들의 침략으로 백성들이 큰 고통을 받았어요. 하지만 꾸준한 시행으로 조선의 땅은 넓어지고 북쪽의 인구가 늘어나면서 국경선은 안정될 수 있었답니다.

이 추위에 멀리 돌아서 가고 싶진 않았을 테니
길이 험해도 계곡물이 언 곳이라면 말을 타고도 이동할 수 있으니, 그 길로 갈 것이라 예상했네.
뭐, 뭐야? 공부만 한 문관이 아니라 대담하면서 지략도 뛰어나잖아.
너희의 활약도 훌륭했다. 체탐인이 되어 나를 도와줄 생각이 있느냐?
체탐인이 뭐다요?
?
비밀리에 여진족의 정보와 움직임을 알아내는 특수 임무를 맡은 사람이란다.
오, 비밀 요원! 우리한테 딱 맞는 임무!
며칠 후
두두두두
어?
무슨 일이다요?
무장한 여진족 기병이 우리 땅으로 오고 있으시게.
병사 수는 약 백여 명! 빨리 김종서 장군께 알리시게.
알았다요.
사랑이 파워!
쑤욱

쐐액
콰광
나, 나무 크기로 보면
대략 백여 명 정도의 침략이군.
저, 정보 전달은 확실한데
내가 너무 위험한걸!
조선군도 다 도망갔는지
코빼기도 보이지 않는구나!
하하하, 우리의 무서움을
잘 아는 것 같습니다. 추장님!
두두두두
슈슈슉
퍽
퍽
으악!!

척 척
뛰어난 체탐인이 알려 줘서
준비하고 기다리고 있었다!
와다닥
도, 도망가자!
크악!
으악!
우리가 그린 지도를
보여 드려야 하는데,
장군님은 어디 갔다요?
절제사 영감님은
백성들의 밭에 가셨단다.
아저씨, 여기서
김종서 장군님 못 봤다요?
나는 왜?
아, 사랑이구나!
헉, 응가 냄새!

장군님인지 몰랐다요.
여기서 뭐 하시게?
농사직설에 쓰인 대로 만든 거름 상태를 확인하고 있었단다.
턱
턱
농사직설
농사직설은 세종대왕님이 우수한 농민들의 농사 경험을 모아, 우리나라 환경에 맞춘 농사법을 적은 책이에요.
거름이라면…, 응가 아니시게?
그래, 소똥과 인분에 풀을 버무려 썩게 해 만든 것이지.
화들짝
더럽지 않으시게?
더럽긴커녕 이 거름으로 농사가 잘될 수 있다고 생각하면 아주 사랑스럽구나.
한데 너희가 여기 온 걸 보니 여진족이 숨어 사는 마을을 지도로 다 만들었나 보구나.
네, 특급 체탐인답게 비밀리에 침투해서 제대로 만들었으시게!

하하, 특급 체탐인 덕에
백성들을 괴롭힌 놈들에게
한 방 먹일 수 있겠구나.
고생했다, 얘들아.
헤헤..
히엑
자, 잠깐! 똥 만진
손으로 쓰다듬었으시게!
절제사 영감!
의원과 서당을 세우는
것에 대한 보고서입니다.
어디 한번
봅시다.
착착 진행 중이군.
이대로 속도만 내 주면
될 듯하네.
여진족과 전투만 하는 것도
큰일인데, 농사와 병원에
학교까지 신경 쓸 일이 많다요.
나는 못 하시게.
예, 절제사 영감!
얘들아, 지금부터
우리 백성을 괴롭힌 여진족을
혼내 주러 가자!
가시게!

공격하라!
와아
꼭꼭 숨어도 특급 체탐인의 눈은 피할 수 없다요!
여, 여길 어떻게? 한 번도 들킨 적이 없었는데….
나는 조선의 김종서다! 내 이름을 항상 기억해라! 네놈들이 조선을 침략한다면, 어디든 쫓아가 응징할 것이다!
으아악!! 조선군에 호랑이 같은 장수가 있었군.
도망가자!
몇 년 후
아휴, 이제 더는 못 허! 이 저주받은 땅에서는 곡식이 자라지 않아.
좋지 않은 날씨로 수년째 흉년이라 농부들도 많이 지쳤다요.

농사도 못 짓는 땅이라면
여기선 살 수가 없어요!
이 땅을 떠나야 해요.
그렇고 말고요.
우린 할 만큼 했어요.
김종서 장군님이
빨리 와야 한다요.
와도 방법이 없으시게. 아무리
호랑이 같은 김종서 장군님이라도
날씨랑 싸워서 이길 수는 없으시게.
절제사 영감을 존경해
여기서 몇 년을 참았지만,
이젠 끝났어요.
맞아요.
이제 더 이상
못 참아요.
불쑥
어, 어?
절제사 영감….
절제사 영감,
여기 좀 보세요.
또 다 죽었어요.
여기서 곡식을 기른다는 건
불가능한 일입니다.
시간 낭비일 뿐이라고요.

턱!
여, 영감…
뭐 하십니까?
보면 알지 않나?
내년을 준비하는 걸세.
콱
콱
더 이상
못 한다고요.
이 땅에서는
아무것도 자라지 못합니다.
노력이 물거품이 된다고요.
이 두만강 유역의 땅은
나쁘지 않네. 아니, 오히려
비옥한 편이지.
날씨가 도와주질 않지만,
난 반드시 이 땅에 풍년이
올 거라고 믿고 있네.
그래서 더 포기할 수 없어.
하…. 절제사 영감의
얘기를 들으면
꼭 그렇게 될 거 같다니까.
그러게나 말이야.
웅성
웅성

저벅 저벅
어? 뭣들 하는 겁니까?
여긴 정말 안 되는 땅이라고요!
파 파
어휴….
그래요,
다시 해 봅시다!
하여간 절제사 영감 고집은
꺾을 수 없다니까요.
이게 몇 년째 뭐 하는 짓인지….
와~, 장군님이
해결했다요!
퉤!
고맙네.
포기라는 단어를 모르는 게
분명하시게.

다음 해 가을
지금까지와는 다른 수천의 여진족 군사가 보이시게!
뭐?
그렇게나 많이? 큰일이다요!
스윽
휘 휘 휘
쾅쾅쾅
히익~
헉, 헉, 살았다….
주력군이 6진의 다른 지역으로 간 사이에 여진족의 대규모 공격이라니!

하하하, 이렇게 여러 추장들이 함께해 주니 든든합니다!
여진의 여러 부족이 힘을 합친다면 몇 없는 조선군은 상대도 안 되지요. 킥킥.
두두두두
다시는 조선이 북쪽 땅을 쳐다도 못 보게 철저히 짓밟아 줍시다!
우리를 위해 풍년이 든 곡식을 차곡차곡 쌓아 놓았다 하니 그것도 약탈합시다. 하하하!
크크, 그동안 당한 것을 모두 되갚아 주마.
김종서 장군님이 대비할 수 있게 우리가 시간을 끌어야 한다요.
두둥
흐흐, 나한테 다 계획이 있으시게.
여진족이 김종서 장군님을 무서워하니 내가 장군님 흉내를 내겠으시게~.
장군님은 기쁨이처럼 잘생기지 않았다요~. 헤헤.

어떠시게?
이제 좀
비슷하시게?
형제 같다요.
아! 기쁨이 말을 듣고
좋은 생각이 났어요.
사랑이 파워!
때구르르
무, 무슨 소리지?
말이 달리는
소리가 아닐까요?
김종서 장군과
군사들이 도착했다!
호, 호랑이
김종서가 벌써?
큭, 아까 그 소리는
수천 명의 기병이 달리는
소리가 분명합니다.
호랑이 김종서가 온다!
어서 도망가자!
모두 달아나라!
쌩~

두두두두두
빨, 빨리!
잠깐, 이상하지 않소? 그 호랑이 김종서라면 이리 쉽게 도망가게 두지 않을 겁니다.
그러게요. 주변에 정찰을 보내 확인해 봅시다.
조선군은 없었습니다. 말굽 소리는 바위를 굴려서 낸 듯합니다.
이게 무슨 망신입니까? 추장이란 분들이 김종서라는 이름만 듣고 모두 꽁지가 빠지게 달아나다니….
추장도 저희와 똑같이 도망치지 않았습니까?
조선의 체탐인 녀석들에게 우리가 속은 모양입니다.
조선의 북쪽 땅을 짓밟아 이 치욕을 씻어 내자!
뒤처지지 마라! 우리 부족의 용맹함을 똑똑히 보여 주자!
두두두두두

군사가 부족한 상황 아니시게? 왜 안 도망가고 있으시게?
이 땅에 사는 조선의 백성 모두가 자기 터전을 지키는 전사란다. 너무 걱정하지 말거라.
백성 모두가 활을 다룬다고 해도 여진족 기병들은 못 당한다요. 무슨 방법이라도 있다요?
너희가 놈들의 발목을 잡아 둔 덕분에 나도 좋은 방법이 생각났다.
이번에 거둔 곡식을 모두 길에 버려라!
네? 절제사 영감, 이 곡식은 우리의 생명이나 다름없습니다!
저 오랑캐들이 쌀 한 톨도 가져가지 못하게 철저히 막을 테니, 나를 한번 믿어 보거라.
큭, 알겠습니다. 절제사 영감!

두두두두
크하하하!
호랑이 김종서도 군사가 몇 없으니
문까지 열어 두고 도망을 쳤구나!
어? 식량이다.
이게 웬 떡이냐!
어서 챙기자~.
먼저 줍는 사람이 임자!
야, 너희 부족만
다 가져가면 안 되지!
퍽
우리 부족이 먹을
식량을 많이 챙겨라!
쌀을 뺏기지 마라!

우리 거야!
그게 어떻게 너희 거야? 내가 먼저 봤는데!
너희만 갖고 가면 우리 부족은 뭘 먹으라고?
이, 이게 무슨 일이냐?
조선인들이 도망가면서 버린 곡식을 서로 차지하겠다며 싸우고 있습니다.
멍청한 놈들….
조선인들이 어떤 녀석인데, 귀한 곡식을 버리겠느냐?
함정이다! 어서 말에 타라!
늦었다, 이놈들!
헉! 김, 김증서다!
쏴라!

헉!
으아악!
한 놈도 살려 보내지 마라! 이 땅의 주인이 누구인지 뼛속까지 새겨 줘라!
우리 땅에서 나가라, 이 오랑캐들아!
틀, 틀렸다! 도망가자!
와아아아
대부분의 여진족을 잡았습니다, 절제사 영감!
백성들이 자기 땅을 지키기 위해 정말 잘 싸워 줬구나. 이제 진짜 이 땅에 뿌리가 내렸어.

어떻게 같은 팀끼리
싸울지 알았으시게?
여진족은 많아야 수백 명 정도
모여 사는데, 수천 명의 여진족이
쳐들어온다고 너희가 알렸을 때
여러 부족이 함께라는 걸 알았다.
곡식을 보면 자기 부족을 위해 다투고,
큰 혼란이 생길 거라고 예상했지.
천재다요!
뚝심이랑 끈기만 엄청난 줄 알았는데,
볼수록 머리도 엄청나시게.
김종서가 있는 한 여기서
편하게 살기는 다 틀렸다….
조선 땅에서 멀리 달아나
마음이라도 편하게 살자.
휘이잉~
네, 추장님.
이제 이 두만강 아래쪽은
진정한 우리 조선 땅이
되었구나.
현재 한반도의
국경과 일치한다요.

*무장: 무관으로서의 장수를 뜻하는 말.

금쪽같은 역사 상식

4군 6진의 개척과 노력

고려 말부터 조선 초의 북쪽 영토는 불분명한 상태였어요. 세종대왕은 강과 강을 경계로한 확실한 국경 유지를 위해 최윤덕에게는 압록강 아래로 4군을, 김종서에게는 두만강 아래로 6진을 개척하게 해 여진족을 몰아내고 조선 땅임을 확실하게 했어요.

김종서는 무장*은 아니었지만, 대담하고 군사를 잘 이끌어 여진족은 큰 호랑이라고 부르며 무서워했어요.

금쪽이 유치원
끝내주시게!
넘어간다요~.
촤라라라락
선생님, 선생님! 도미노를 같이 세워 줬더니 기쁨이가 저보고 계속해서 끝내준다고 했다요~.
어휴~
저는 나랑 끝내자고 말한 건데요? 여러 번! 끈기 있게!
기쁨이, 나쁘다요!
팍!
으, 김종서 장군님의 끈기가 항상 좋은 건 아니시게….
쾅

출동! 역사 해결사
금쪽이 유치원
② 위대한 장군

초판 발행 2026년 1월 7일
초판 인쇄 2025년 12월 26일

글 스토리박스 | **그림** 김준식

펴낸이 정태선
기획·편집 이보경
디자인 최혜경
마케팅 정태영, 신보연, 장승희
펴낸곳 파란정원
출판등록 제395-2010-000070호
주소 서울특별시 은평구 가좌로 175, 5층
전화 02-6925-1628 | **팩스** 02-723-1629
제조국 대한민국 | **사용연령** 8세 이상 어린이
홈페이지 www.bluegarden.kr | **전자우편** eatingbooks@naver.com
종이 다올페이퍼 | **인쇄** 조일문화인쇄사

ISBN 979-11-5868-309-2 77910
979-11-5868-291-0 77910(세트)